# PIAGET E FREIRE
## DO CONSTRUTIVISMO
## À EDUCAÇÃO LIBERTÁRIA E SOLIDÁRIA

Editora Appris Ltda.
1.ª Edição - Copyright© 2024 do autor
Direitos de Edição Reservados à Editora Appris Ltda.

Nenhuma parte desta obra poderá ser utilizada indevidamente, sem estar de acordo com a Lei nº 9.610/98. Se incorreções forem encontradas, serão de exclusiva responsabilidade de seus organizadores. Foi realizado o Depósito Legal na Fundação Biblioteca Nacional, de acordo com as Leis nos 10.994, de 14/12/2004, e 12.192, de 14/01/2010.

Catalogação na Fonte
Elaborado por: Dayanne Leal Souza
Bibliotecária CRB 9/2162

| | |
|---|---|
| D682p<br>2024 | Dongo-Montoya, Adrián Oscar<br>　　Piaget e Freire: do construtivismo à educação libertária e solidária / Adrián Oscar Dongo-Montoya. – 1. ed. – Curitiba: Appris, 2024.<br>　　96 p. : il. ; 14,8 x 21 cm. (Ciências Sociais).<br><br>　　Inclui referências<br>　　ISBN 978-65-250-6054-5<br><br>　　1. Educação e democracia. 2. Construtivismo (Educação).<br>3. Piaget-Freire. 4. Educação libertária e solidária. I. Dongo-Montoya, Adrián Oscar. II. Título. III. Série.<br><br>　　　　　　　　　　　　　　　　　　　　　　　　　CDD – 371.3 |

Livro de acordo com a normalização técnica da ABNT

**Appris** editora

Editora e Livraria Appris Ltda.
Av. Manoel Ribas, 2265 – Mercês
Curitiba/PR – CEP: 80810-002
Tel. (41) 3156 - 4731
www.editoraappris.com.br

Printed in Brazil
Impresso no Brasil

ADRIÁN OSCAR DONGO-MONTOYA

# PIAGET E FREIRE
## DO CONSTRUTIVISMO
## À EDUCAÇÃO LIBERTÁRIA E SOLIDÁRIA

## FICHA TÉCNICA

| | |
|---:|---|
| EDITORIAL | Augusto Coelho |
| | Sara C. de Andrade Coelho |
| COMITÊ EDITORIAL | Marli Caetano |
| | Andréa Barbosa Gouveia - UFPR |
| | Edmeire C. Pereira - UFPR |
| | Iraneide da Silva - UFC |
| | Jacques de Lima Ferreira - UP |
| SUPERVISOR DA PRODUÇÃO | Renata Cristina Lopes Miccelli |
| ASSESSORIA EDITORIAL | William Rodrigues |
| REVISÃO | Bruna Fernanda Martins |
| PRODUÇÃO EDITORIAL | Adrielli de Almeida |
| DIAGRAMAÇÃO | Bruno Ferreira Nascimento |
| CAPA | Ademar Simões da Motta Junior |
| ILUSTRAÇÃO | Ademar Simões da Motta Junior |
| REVISÃO DE PROVA | Jibril Keddeh |

### COMITÊ CIENTÍFICO DA COLEÇÃO CIÊNCIAS SOCIAIS

DIREÇÃO CIENTÍFICA  Fabiano Santos (UERJ-IESP)

CONSULTORES
- Alícia Ferreira Gonçalves (UFPB)
- Artur Perrusi (UFPB)
- Carlos Xavier de Azevedo Netto (UFPB)
- Charles Pessanha (UFRJ)
- Flávio Munhoz Sofiati (UFG)
- Elisandro Pires Frigo (UFPR-Palotina)
- Gabriel Augusto Miranda Setti (UnB)
- Helcimara de Souza Telles (UFMG)
- Iraneide Soares da Silva (UFC-UFPI)
- João Feres Junior (Uerj)
- Jordão Horta Nunes (UFG)
- José Henrique Artigas de Godoy (UFPB)
- Josilene Pinheiro Mariz (UFCG)
- Leticia Andrade (UEMS)
- Luiz Gonzaga Teixeira (USP)
- Marcelo Almeida Peloggio (UFC)
- Maurício Novaes Souza (IF Sudeste-MG)
- Michelle Sato Frigo (UFPR-Palotina)
- Revalino Freitas (UFG)
- Simone Wolff (UEL)

*Aos meus pais,
por todo o amor e o cuidado recebidos
no meio das dificuldades da vida.
Pelo exemplo de solidariedade
e humanidade.*

# AGRADECIMENTOS

Este trabalho é resultado do curso ministrado por mim, no Brasil, em 2023. Em virtude disso, exprimo a minha gratidão à Comissão Organizadora do Curso "Piaget e Freire: da Epistemologia Genética à educação libertária", constituída pelos professores doutores Ademar Simões da Motta Junior, do Grupo de Estudo e Pesquisa em Epistemologia Genética e Educação (Gepege), da Unesp; Nelson Pedro da Silva, do departamento de Psicologia Social da Unesp, campus de Assis; Rafael dos Reis Ferreira, do curso de Filosofia da Universidade Federal do Recôncavo da Bahia (UFRB).

Agradeço ao Núcleo de Pesquisa e Extensão Filosófica (Nupef) do curso de Filosofia da UFRB pela organização do curso; ao Grupo de Estudos e Pesquisa em Epistemologia Genética e Educação (Gepege), da Unesp, campus de Marília; ao Departamento de Psicologia Social da Unesp, campus de Assis; e ao curso de pós-graduação em Filosofia da Unesp, campus de Marília, pelo apoio.

Agradeço ao professor Fernando Becker, da Universidade Federal Rio Grande do Sul (UFRGS), pelas sugestões oferecidas durante o desenvolvimento do curso. O nosso amigo Fernando Becker se dispôs a acompanhar todas as aulas. As suas observações foram preciosas e acolhidas neste trabalho.

Agradeço a Alessandra de Morais, da Unesp de Marília, a Luciene Tognetta, da Unesp de Araraquara e a Telma Vinha, da Unicamp, pelo apoio e divulgação do curso. São pessoas queridas e solidárias com as quais sinto a alegria de compartilhar sonhos e preocupações de liberdade e justiça.

Agradeço à Zery, minha companheira da vida, e ao meu querido filho, Matheus, pela assistência técnica e apoio incondicional. Na vida, aprendemos a sonhar sonhos de humanidade, abrindo e desenvolvendo nossos próprios e difíceis caminhos pessoais.

# PREFÁCIO

É fato que ainda estamos a viver momentos de incertezas de toda ordem, a indiciar certa crise civilizatória. Isso se observa nos diferentes campos, como no cultural, econômico, educacional, político e social.

Especificamente, nas esferas cultural e social, observa-se a degradação ética, com consequências desastrosas à educação familiar. Os pais estão perdidos quanto aos valores a serem priorizados na educação de seus filhos ou consideram dignos de serem buscadas apenas formas de glória, como beleza, status financeiro e social. Sem contar que quando estão a educar fazem uso do castigo físico e moral (humilhação) ou – na esperança de produzirem filhos felizes – adotam a pedagogia do *laissez-faire*.

Na escola, a situação não é diferente. Os educadores, carentes de explicação sobre a maneira como devem proceder no tocante aos alunos que fracassam no aprendizado, insistem em mudanças curriculares e metodológicas – a aposta nos meios tecnológicos e tecnicistas talvez seja o exemplo mais emblemático. Acrescenta-se a esse cenário o movimento nem tão recente de transformação de problemas político-pedagógicos em neurológicos, situando as causas das mazelas educacionais nos próprios aprendizes e nos seus familiares.

Tem-se, ainda, os que buscam desqualificar o saber científico que evidencia o papel ativo do educando no seu processo de aprendizagem e de desenvolvimento, resultando na defesa de métodos de ensino centrados na repetição mecânica.

Há, até mesmo, os que romantizam as dificuldades de aprendizagem e os problemas comportamentais. Para estes, tratar-se-ia de mera expressão de condutas diferentes, as dificuldades de comunicação, de atenção, a prática do *bullying* e de outras formas de violência, a indisciplina (recentemente, transformada em hiperatividade) e os problemas de aprendizagem individual.

Como "A terceira margem do rio" de Guimarães Rosa, há outros movimentos que começam a tomar força e insistem no caráter interacionista e emancipatório do processo educativo. Em decorrência, compreendem que a liberdade e a solidariedade são pedras angulares, devendo estar na origem e no fim educacional. Afinal, só se aprende a ser livre e solidário praticando a liberdade e a solidariedade.

É nesse contexto que se insere este belo livro, escrito por Adrián Oscar Dongo-Montoya. Trata-se de uma obra decorrente de um curso de extensão ministrado de maneira on-line, entre outubro e novembro de 2023, fruto de uma parceria entre a Universidade Estadual Paulista (Unesp) Marília-Assis – Programa de Pós-Graduação em Filosofia, Grupo de Estudo e Pesquisa em Epistemologia Genética e Educação (Gepege) e Departamento de Psicologia Social – e Universidade Federal do Recôncavo da Bahia (UFRB) – Núcleo de Pesquisa e Extensão Filosófica (Nupef) do Curso de Filosofia.

Ao realizar instigante reflexão sobre os encontros entre o epistemólogo e psicólogo Jean Piaget e o educador e filósofo Paulo Freire, Dongo-Montoya apresenta proposta para além das concepções que buscam medicalizar o processo educativo e/ou julgam que os problemas educacionais serão superados apenas com mudanças curriculares e metodológicas. Essencialmente, ele tece severas críticas a um tipo de educação que "destrói a inteligência humana porque apela à repetição de assuntos que não têm sentido e significação para o sujeito que aprende".

Não é novidade chegar a tal conclusão, pois, com raras exceções, a escola tende a produzir a ignorância. Igualmente, não são recentes os motivos que a fazem agir dessa maneira, como a naturalização de culturas escravagistas, silenciadoras e submissas. Entretanto, é inovadora a articulação que Dongo-Montoya faz entre os escritos piagetianos e os freirianos acerca das relações entre educação, práxis e construção de personalidades autônomas. Nas suas palavras,

> Freire e Piaget defendem a importância e necessidade da práxis emancipadora no processo de aprendizagem e desenvolvimento das pessoas e dos povos, bem como na construção de projetos educativos que questionam, nas suas raízes, a educação tradicional ou bancária. Para esses autores, toda ação transformadora sobre o mundo e sobre si mesmo exige liberdade de opção e reflexão sobre a prática vivida, seguida da prática transformadora, logo, novas reflexões sobre essa prática e, assim, por diante. Não temos outra forma de sair da deformação e alienação humana, bem como da ignorância, da desumanidade e do conformismo em que vivemos (p. 18).

Por causa disso, ele inicia este livro acertadamente com a apresentação de tecituras críticas sobre o apriorismo e o empirismo, bem como acerca do idealismo e do materialismo mecanicista. Em seguida, tece considerações sobre a epistemologia interacionista, dialética e construtivista. Dando prosseguimento, disserta sobre o sentimento moral. Por fim, constata as aproximações entre o projeto educacional de Jean Piaget ("Pedagogia ativa") e o de Paulo Freire ("Pedagogia problematizadora") – a seu ver, paradigmas pedagógicos para o século XXI.

O mais interessante é que Dongo-Montoya faz isso de maneira didática e inovadora. Ele consegue algo que geralmente os estudiosos da área não costumam fazer: interpretar Piaget tendo por métrica Freire e o oposto (analisar Freire de maneira piagetiana).

Sua sabedoria expressa-se no seu estilo de escrita e no seu propósito de auxiliar educadores e demais profissionais ligados à educação na compreensão de grandes referenciais teóricos, como o piagetiano e o freiriano.

O mais notável é que ele o faz de modo amoroso. Isso significa que a generosidade, a temperança, a doçura e o respeito mútuo, entre outras virtudes – aliadas ao rigor científico em que se assentam suas reflexões –, atravessam essa e outras das suas produções fundamentais para quem se dedica à educação e à construção de um projeto de sociedade calcado na cooperação e na solidariedade.

Que o espírito desta obra possa instigar e motivar o interesse das pessoas que estão comprometidas com a educação democrática e solidária.

Desejamos uma excelente leitura!

**Nelson Pedro da Silva**
Doutor em Psicologia pela USP
e Professor do curso de Psicologia da UNESP – Campus de Assis

**Ademar Simões da Motta Junior**
Doutor em Educação pela UNESP e professor do IFSP - São Paulo

**Rafael dos Reis Ferreira**
Doutor em Filosofia pela UNICAMP
e professor do curso de Filosofia da UFRB – Bahia

# SUMÁRIO

**INTRODUÇÃO** ...................................................................................17

## CAPÍTULO 1
**A NECESSÁRIA CRÍTICA EPISTEMOLÓGICA NA EDUCAÇÃO** ....................21
**1.1 QUESTÕES PRÉVIAS** ....................................................................21
    1.1.1 O projeto civilizatório da ilustração não foi cumprido até hoje ..............21
    1.1.2 O objetivo da educação não é doutrinar ninguém ..................................22
    1.1.3 Os projetos educativos de Freire e Piaget têm como base a pesquisa filosófica e científica ....................................................................23
    1.1.4 O conceito de educação é relativo ..........................................................23
    1.1.5 Busca-se uma educação integral ou holística que promova a autonomia dos educandos. ....................................................................................24
**1.2 AS EPISTEMOLOGIAS E A EDUCAÇÃO** ..........................................24
**1.3 EDUCADOR E EDUCANDO NA EDUCAÇÃO TRADICIONAL OU BANCÁRIA** .26
**1.4 EDUCADOR E EDUCANDO NA EDUCAÇÃO CONSTRUTIVISTA E LIBERTÁRIA (PIAGET E FREIRE)** ..............................................................27

## CAPÍTULO 2
**A EPISTEMOLOGIA CONSTRUTIVISTA DE PIAGET E FREIRE** ................29
**2.1 A EPISTEMOLOGIA DE JEAN PIAGET** ............................................30
    2.1.1 Piaget e a crítica ao empirismo ................................................................30
    2.1.2 Consequências do empirismo para a teoria da aprendizagem ...............32
    2.1.3 Piaget e a crítica ao pré-formismo e inatismo ........................................33
    2.1.4 Erro na interpretação das etapas do desenvolvimento ..........................34
    2.1.5 A epistemologia construtivista de Piaget ................................................35
**2.2 A EPISTEMOLOGIA DE PAULO FREIRE** ........................................38
    2.2.1 Freire e a crítica ao idealismo e ao materialismo mecanicista ...............38
    2.2.2 Interacionismo ou solução dialética de Paulo Freire ..............................39
    2.2.3 A epistemologia construtivista de Paulo Freire ......................................40

# CAPÍTULO 3
## O DESENVOLVIMENTO DO CONHECIMENTO PARA PIAGET E FREIRE ...... 43
### 3.1 SÍNTESE DO CAPÍTULO ANTERIOR ...... 43
### 3.2 A CONSTRUÇÃO DO CONHECIMENTO PARA PIAGET ...... 44
3.2.1 A tese de Jean Piaget ...... 44
3.2.2 Caracterização básica do conhecimento conceitual ...... 44
3.2.3 Fontes do conhecimento conceitual ...... 48
3.2.4 A construção da inteligência prática na criança ...... 49
3.2.5. O pensamento conceitual como produto da reconstrução dos esquemas práticos ...... 50
3.2.6 Papel necessário da tomada de consciência na construção do conhecimento ...... 51
3.2.7 A abstração reflexionante e a transformação dos esquemas práticos em conceitos ...... 52
3.2.8 A abstração reflexionante no desenvolvimento das crianças pequenas e das crianças marginalizadas ...... 55
3.2.9 Importância decisiva da vida social na construção do conhecimento conceitual ...... 56

### 3.3 CONSTRUÇÃO DO CONHECIMENTO PARA PAULO FREIRE ...... 58
3.3.1. Empirismo, inatismo e construtivismo na concepção de Freire ...... 58
3.3.2 Tomada de consciência como processo de construção conceitual da ação e da realidade ...... 59
3.3.3 Níveis de tomada de consciência ...... 60
3.3.4 Tomada de consciência, *práxis* e conscientização ...... 60
3.3.5 Curiosidade crítica ou epistêmica e caráter dialógico da educação ...... 61

## CAPÍTULO 4
**O DESENVOLVIMENTO MORAL PARA FREIRE E PIAGET** ..........63
4.1. POR QUE RESPEITAMOS AS REGRAS MORAIS? ..........63
4.2. MORAL DA AUTORIDADE OU MORAL HETERÔNOMA ..........64
4.3. MORAL DO BEM OU DA AUTONOMIA ..........65
4.4. QUESTÕES EPISTEMOLÓGICAS SOBRE AS ORIGENS DAS DUAS MORAIS ..66
4.5. ORIGEM DA MORAL HETERÔNOMA ..........67
4.6. ORIGEM E DESENVOLVIMENTO DA MORAL DO BEM OU DA AUTONOMIA ...67
4.7. TEORIA DA MUTILAÇÃO DO SENTIMENTO DE COMPAIXÃO ..........70
4.8. TOMADA DE CONSCIÊNCIA NA EVOLUÇÃO DA MORAL E A IMPORTÂNCIA DAS ESCOLAS DEMOCRÁTICAS ..........71

## CAPÍTULO 5
**PARADIGMAS EDUCACIONAIS E PEDAGÓGICOS DE FREIRE E PIAGET** ..........73
5.1. INTRODUÇÃO ..........73
5.2 EDUCAÇÃO E PEDAGOGIA ATIVA (PIAGET) ..........75
   5.2.1 Antecedentes ..........75
   5.2.2 Pesquisas psicogenéticas e o caráter ativo do sujeito do conhecimento ..75
   5.2.3 A experiência como atividade intelectual ..........76
   5.2.4 A atividade do sujeito na epistemologia interacionista ..........77
   5.2.5 Educação como prática de reinvenção do conhecimento ..........78
   5.3.6 Educação como prática de reinvenção da moral ..........78
5.4 DIFICULDADES DE APLICAÇÃO DO MÉTODO ATIVO ..........79
5.5 EDUCAÇÃO PROBLEMATIZADORA (FREIRE) ..........81
   5.5.1. Educação Bancária ..........81
   5.5.2. Educação problematizadora ..........81
      5.5.2.1 O conhecimento como ato de reinvenção ..........82
      5.5.2.2 A educação como construção da autonomia moral ..........83
5.6 AS ESCOLAS LIBERTÁRIAS E DEMOCRÁTICAS COMO ALTERNATIVA À ESCOLA TRADICIONAL ..........83

## CONSIDERAÇÕES FINAIS ..........87

## REFERÊNCIAS ..........91

# INTRODUÇÃO

Este trabalho é resultado da organização de textos produzidos para o curso "Piaget e Freire: da Epistemologia Genética à educação libertária", ministrado por mim, em outubro e novembro de 2023. O curso foi gratuito e oferecido ao público brasileiro e latino-americano. Foi organizado pelo Núcleo de Pesquisa e Extensão Filosófica (Nupef) do Curso de Filosofia da Universidade Federal do Recôncavo de Bahia (UFRB), em colaboração com o Grupo de Estudos e Pesquisas em Epistemologia Genética e Educação (Gepege), da Unesp, campus de Marília.

Houve 1.450 pessoas inscritas, que na sua grande maioria foram do Brasil. Houve também inscritos de países da América Latina[1].

A natureza da plataforma de videoconferência utilizada para o curso permitiu a interação e participação dos alunos. Recebemos manifestações de gratidão e de elogio dos inscritos e participantes sobre a qualidade e o andamento do curso. Tudo isso mostrou a importância desse tipo de iniciativa e a necessidade de continuidade e ampliação.

O curso teve a intenção de divulgar e articular o pensamento epistemológico e pedagógico de dois grandes autores, numa linguagem mais acessível. Sendo assim, o pensamento desses autores poderia sair de lugares exclusivos e penetrar em ambientes em que a reflexão e a crítica possam ser frutíferas e, desse modo, contribuir na efetiva transformação das práticas bancárias de educação.

A prática bancária destrói a inteligência humana porque apela à repetição de assuntos que não têm sentido e significação

---

[1] O curso, realizados no total de cinco encontros, pode ser acessado no canal do Curso de Filosofia da UFRB por meio deste link: https://www.youtube.com/playlist?list=PLEMvwPPg9C5SIJzbCTz4XS_T5jMDuhzqg.

para o sujeito que aprende. A educação bancária ou tradicional é uma forma perversa de atuar contra a história evolutiva do cérebro humano, o qual se desenvolveu aprendendo coisas que têm sentido.

O curso pretendeu realizar um trabalho que consideramos fundamental para a educação: articular os pensamentos epistemológicos e teóricos de grandes autores com as questões da *práxis* educacional. Não é a primeira iniciativa. Ela vem para se somar a outras, como as das Escolas Democráticas; as das Escolas Alternativas; as das experiências de Educação Popular e Educação Comunitária, comprometidas com o pensamento de Paulo Freire. Também vem se somar à experiência do Proepre, dirigido pela professora Orly Z. Mantovani de Assis, da Unicamp, que articula o pensamento de Piaget com a prática educativa; o Gepem, coordenado pelas professoras Luciane Tognetta, da Unesp de Araraquara, e Telma Vinha, da Unicamp, que articulam a teoria e prática da educação moral. Na pesquisa teórica não podemos esquecer as contribuições inestimáveis de Fernado Becker, da Ufrgs, que articula o pensamento de Piaget e a educação.

Freire e Piaget defendem a importância e a necessidade da *práxis emancipadora* no processo da aprendizagem e desenvolvimento das pessoas e dos povos, bem como na construção de projetos educativos integrais que questionam, nas suas raízes, a educação tradicional ou bancária. Para esses autores, toda ação transformadora sobre o mundo e sobre si mesmo exige liberdade de opção e reflexão sobre a prática vivida, seguida da prática transformadora, logo, novas reflexões sobre essa prática, e assim por diante. Não temos outra forma de sair da deformação e alienação humana, da ignorância e do conformismo com a injustiça.

A educação como prática da liberdade e solidariedade se justifica pelo fato de entendermos que o desenvolvimento do pensamento e da vida moral não é possível sem a liberdade de exprimir a voz, de pensar, de julgar e decidir sobre nossas ações (autonomia). Sem isso, a "Cultura do silêncio" em que vivemos se eterniza e, com ela, a "Cultura da obediência e da competição desumana" (heteronomia).

O conteúdo programático do curso teve os seguintes tópicos:

1. Fundamentos epistemológicos do pensamento pedagógico e educacional de Jean Piaget e Paulo Freire.
2. Concepções teóricas de Jean Piaget e Paulo Freire sobre o desenvolvimento do conhecimento.
3. Concepções teóricas de Jean Piaget e Paulo Freire sobre o desenvolvimento do sentimento moral.
4. Projetos educacionais e pedagógicos de Jean Piaget e Paulo Freire, como base de um novo paradigma.

O desenvolvimento desses tópicos nos permitiu discutir a aproximação teórica e epistemológica dos pensamentos desses dois autores, particularmente no que concerne à crítica do empirismo e do apriorismo; do materialismo mecanicista e do idealismo. Também nos permitiu destacar a singularidade das suas propostas epistemológicas, identificadas com a epistemologia interacionista, dialética e construtivista. No que concerne ao desenvolvimento do conhecimento e do sentimento moral observamos profundas coincidências entre esses autores, apesar da diferença no que diz respeito ao nível de análise: Piaget analisa as ações práticas e mentais (consciência) das crianças em desenvolvimento e Freire analisa as ações práticas e mentais (consciência) dos adultos nas condições de opressão. Também constatamos as profundas aproximações entre o projeto educacional e pedagógico de Jean Piaget, chamado "Pedagogia ativa", e o de Paulo Freire, chamado "Pedagogia problematizadora". Consideramos que ambos os projetos constituem verdadeiros paradigmas pedagógicos libertários para o século XXI e para o futuro.

Muitos dos temas trabalhados no curso se encontram desenvolvidos, com maior profundidade e amplitude, no livro recentemente publicado em língua portuguesa *Freire e Piaget no século XXI: personalidade autônoma, práxis e educação* (Dongo-Montoya, 2022) e em língua espanhola *Freire y Piaget en el siglo XXI. Personalidad autónoma, Práxis y educación* (Dongo-Montoya, 2023).

# CAPÍTULO 1

# A NECESSÁRIA CRÍTICA EPISTEMOLÓGICA NA EDUCAÇÃO

## 1.1 QUESTÕES PRÉVIAS

### 1.1.1 O projeto civilizatório da ilustração não foi cumprido até hoje

Depois do período histórico da escuridão, na idade média, com a chegada da modernidade, os filósofos da ilustração projetaram que às instituições do estado democrático e republicano caberia a tarefa de formar cidadãos livres e autônomos. Passados quatro séculos os resultados são cada vez mais distantes.

A causa desse fracasso obedeceu, entre outras razões, ao fato de que a instituição formadora de cidadãos, a escola, continua sendo a mesma na sua estrutura e prática básica. O modelo de ensino catequético da idade média não mudou nada, pois ele continua centrado na transmissão ou transferência do conhecimento ou no processo de doutrinamento. Ela não ensina a pensar, ensina a obedecer.

A família, continuando sendo patriarcal e autoritária, mostra-se fiel aliada dessa concepção de ensino; o déficit democrático das sociedades pouco ou nada se alterou e, em algumas latitudes, até se aprofundou. A opressão dos sectores vulnerabilizados e o colonialismo sob novas manifestações se aferram à política de doutrinamento das massas obedientes e submissas. Tudo isso promove e reforça o imobilismo e o conservadorismo pedagógico que domestica as consciências.

## 1.1.2 O objetivo da educação não é doutrinar ninguém

O objetivo do curso ministrado não foi transmitir a verdade a ninguém. A verdade é o resultado da aprendizagem, do questionamento e superação de outras verdades que possuímos.

Quem aprende é o sujeito ativo do conhecimento, que experimenta, pensa, reflete, discute, pesquisa, decide, em diálogo com os outros. Sobretudo, sabendo-se que o outro tem alguma coisa a dizer. O objetivo da educação é criar as condições para as pessoas, como sujeitos ativos do conhecimento, aprenderem a pensar por elas mesmas e, nesse processo, aprenderem e produzir conhecimento. Por isso, a educação não poderia ser um ato de doutrinamento, mas sim um ato que promove a reflexão, a emancipação e autonomia.

Assim, podemos afirmar com Paulo Freire: ninguém conscientiza ninguém.

Tanto Piaget quanto Freire defendem que a liberdade é condição necessária da aprendizagem do conhecimento e da formação do sentimento moral e afetivo. A liberdade é condição necessária da prática transformadora da própria vida.

Contudo, queremos antecipar desde já que para esses autores a liberdade não é uma palavra mágica e vulgar; não significa "fazer o que se quer", nem advoga por um descompromisso com o respeito ao outro e consigo mesmo. Liberdade significa opção, mas opção com responsabilidade sobre as consequências dos nossos atos em relação aos sentimentos e aos direitos dos outros e de si mesmo. Por isso, a moral do bem ou da autonomia exige sentimentos de compaixão e solidariedade e não simplesmente contenção exterior das ações que extrapolam a liberdade do outro, como ocorre na afirmação "A minha liberdade termina onde começa a liberdade do outro".

É com outro conceito de liberdade (liberdade com responsabilidade pelos atos e solidariedade) que Paulo Freire proclama a "Educação problematizadora", e Jean Piaget, a "Educação ativa".

### 1.1.3 Os projetos educativos de Freire e Piaget têm como base a pesquisa filosófica e científica

Paulo Freire, para formular uma educação libertária e democrática, busca seus alicerces teóricos na pesquisa epistemológica, filosófica e científica. Jamais deixou de lado as suas próprias experiências pedagógicas e dos grandes inovadores da educação. Piaget, por sua parte, para propor um projeto pedagógico e educacional, funda e constrói uma epistemologia que busca suas fontes no processo evolutivo do pensamento e sentimento humano (Epistemologia Genética). Também, jamais deixou de lado a pesquisa filosófica e as experiências pedagógicas dos reformadores da educação moderna e contemporânea.

Apenas a força ou o acento se coloca em um dos aspectos nos seus projetos: Piaget, em função dos dados psicológicos e epistemológicos descobertos, cria e propõe um novo paradigma pedagógico; Freire, ao querer construir um novo paradigma pedagógico para permitir voz aos oprimidos e silenciados da terra, faz descobertas surpreendentes na epistemologia. Nesse modo de articular teoria e prática, na trilha investigativa, evidencia-se coerência no pensamento de cada um desses autores.

Não podemos esquecer que ambos os autores dialogam também com outros autores clássicos e contemporâneos (Chomsky, Habermas, Freud, Erick Fromm, Marx, Kant, Rousseau, Hegel etc.).

### 1.1.4 O conceito de educação é relativo

O conceito de educação é relativo porque depende do ponto de vista pelo qual se olha a ação humana. A educação (escolar e familiar) pode contribuir para a receptividade e passividade, com isso para a subjugação e heteronomia, ou para a atividade intelectual e moral, com isso para a emancipação e a autonomia. A educação não é neutra de nenhum ponto de vista.

A relatividade do conceito de educação já se mostrava evidente com a crítica de Rousseau à educação clássica medieval e aos autores da ilustração que advogavam ainda pelo ensino catequético. Foi no século XX, com a pesquisa científica e, sobretudo, com a descoberta das fontes e dos mecanismos de produção do conhecimento que a relatividade do conceito de educação se mostrou mais evidente.

O pensamento de Piaget e Freire não somente nos ajuda a colocar no seu lugar adequado e de destaque a atividade do sujeito, como centro da aprendizagem, mas também a entender o desenvolvimento cultural e civilizatório dos povos. A civilização ocidental (europeia) não é o único modelo civilizatório a partir do qual se possa avaliar as outras civilizações.

### 1.1.5 Busca-se uma educação integral ou holística que promova a autonomia dos educandos

Educação integral entendida como projeto coletivo que não atua setorialmente sobre aspectos da condição humana, mas sim como projeto que considera indissociáveis as atividades intelectuais, efetivas e morais, bem como as atividades corporais, psicológicas e sociais. Educação Integral entendida não simplesmente como permanência a tempo integral no ambiente escolar, mas sim como um projeto em que todas as instâncias do sistema escolar se encontram evolvidas, e em que os sujeitos que aprendem participam ativamente nas decisões que dizem respeito à sua formação escolar e cidadã.

## 1.2 AS EPISTEMOLOGIAS E A EDUCAÇÃO

Neste trabalho defenderemos a seguinte tese: os projetos educacionais e pedagógicos se orientam e organizam em função da concepção epistemológica e dos princípios teóricos alcançados pela pesquisa científica. Assim, os projetos educacionais e pedagógicos tradicionais e bancários têm como base fundamental o empirismo e o apriorismo e dados psicológicos desatualizados; os projetos educacionais e pedagógicos emancipadores têm como base a epistemologia relacional, interacionista e construtivista, e dados da pesquisa psicogenética contemporânea.

Como analisaremos no seguinte capítulo, a epistemologia empirista defende que a aquisição do conhecimento tem origem em dados registrados pelos sentidos e pelo mecanismo associativo da aprendizagem.

Figura 1 – Relação sujeito e objeto na epistemologia empirista

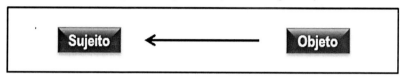

Fonte: o autor

A epistemologia apriorista postula que a capacidade de conhecer o mundo tem como base estruturas prévias à experiência. Algumas epistemologias aprioristas defendem a tese inatista.

Figura 2 – Relação sujeito e objeto na epistemologia apriorista

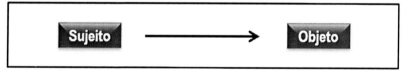

Fonte: o autor

Para as epistemologias interacionistas, relacionais ou dialéticas, a aquisição do conhecimento tem como fonte tanto a ação do objeto quanto do sujeito do conhecimento. O sujeito cria as suas estruturas do conhecimento em função da sua atividade intelectual e também em função da acomodação aos caracteres dos objetos exteriores. Essa epistemologia se identifica com o construtivismo.

Figura 3 – Relação sujeito e objeto na epistemologia interacionista

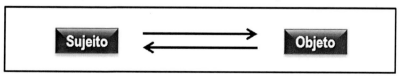

Fonte: o autor

## 1.3 EDUCADOR E EDUCANDO NA EDUCAÇÃO TRADICIONAL OU BANCÁRIA

O educador na educação tradicional é o proprietário e administrador exclusivo do objeto do conhecimento e é ele que oferece e impõe os conteúdos aos educandos para uma aprendizagem receptiva. Os educandos deixam de ser sujeitos de conhecimento e passam a ser meros receptores dos conteúdos transmitidos por parte do educador. Geralmente, para este se convencer da sua boa intenção e competência aceita ser chamado de professor "mediador".

Figura 4 – Relação entre educando e educador na educação tradicional ou bancária

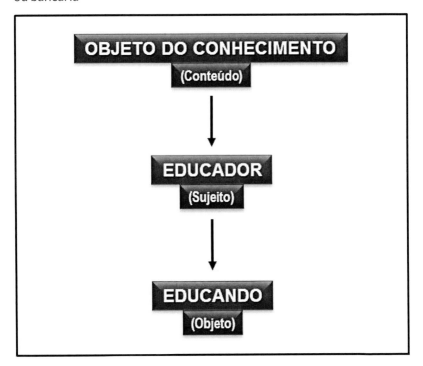

Fonte: o autor

## 1.4 EDUCADOR E EDUCANDO NA EDUCAÇÃO CONSTRUTIVISTA E LIBERTÁRIA (PIAGET E FREIRE)

Para esses autores, em coerência com a epistemologia defendida por eles, tanto o educador quanto o educando são sujeitos ativos de conhecimento, que pensam e atuam, em interação entre eles e com o objeto do conhecimento. Quem medeia a relação entre esses dois sujeitos que assumem uma atitude epistemológica é o objeto do conhecimento.

Figura 5 – Relação educando e educador na educação construtivista e libertária

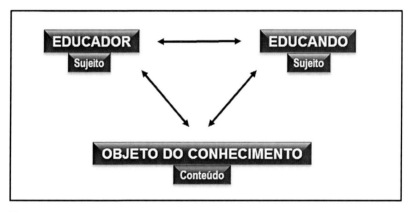

Fonte: o autor

CAPÍTULO 2

# A EPISTEMOLOGIA CONSTRUTIVISTA DE PIAGET E FREIRE

*O segredo da mudança está em focar toda a energia não na luta contra o velho, mas na construção do novo.*

(Sócrates)

As obras teóricas e educacionais de Freire e Piaget começaram com a crítica às epistemologias tradicionais. Piaget questionou as epistemologias empiristas e pré-formistas e propôs o interacionismo e o construtivismo. Freire fez a crítica às epistemologias idealistas e materialistas mecanicistas e propôs uma epistemologia dialética e construtivista. Ambos os autores fundamentaram suas concepções epistemológicas tendo como base fatos científicos e análises filosóficas.

É preciso fazer um breve histórico sobre os antecedentes das concepções epistemológicas mais atuais.

Na história da ciência e da filosofia sempre existiram modos de explicação sobre as origens e fontes do conhecimento, da vida moral e afetiva. Desde o início se postulou, por um lado, a experiência como fonte de conhecimento, e por outro, a razão como entidade que organiza o mundo. Assim, as epistemologias se dividiram como: empiristas e racionalistas.

Na Grécia antiga, Aristóteles explica que as fontes do conhecimento se encontram na experiência e Platão assinala que as fontes se encontram em ideias prévias (ideias que sempre existiram, como o número, por exemplo).

Na modernidade essas teses sofreram algumas reformas, mas no fundo continuaram as mesmas: por um lado, os filósofos anglo-saxões, como Hume e Berkeley, defendem a experiência como fonte do conhecimento e, por outro, o francês Descartes e o alemão Kant defendem a razão e as estruturas pré-formadas como fontes do conhecimento.

Nos tempos contemporâneos, depois de Hegel, as explicações que buscam a gênese se orientam para encontrar um meio termo, uma superação: o conhecimento como produto tanto da experiência como da atividade do sujeito. Foram as epistemologias relacionais, dialéticas e construtivistas que foram se impondo ao investigar cientificamente as fontes e raízes (gênese) e ao relativizar dialeticamente o conceito de experiência e razão. É importante dizer que nem todos esses esforços alcançaram uma explicação coerente e objetiva.

## 2.1 A EPISTEMOLOGIA DE JEAN PIAGET

### 2.1.1 Piaget e a crítica ao empirismo

Para o empirismo, todo conhecimento é resultado de um simples registro, por meio dos sentidos, dos dados da experiência. A moral e a vida afetiva também se explicam como resultados de registros que o indivíduo realiza em função das lições de moral e da obediência. A passividade intelectual é o traço marcante na epistemologia empirista.

Figura 6 – Relação sujeito e objeto na epistemologia empirista

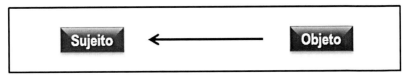

Fonte: o autor

Exemplos:

1. Um projétil lançado para o céu volta sempre ao seu lugar de origem.
2. O deslocamento de um objeto é causado pela força direta de outro objeto.
3. A alfabetização é resultado da associação de elementos.
4. A sociedade é o resultado da reunião de indivíduos.
5. Respeitamos as regras morais porque, desde pequenos, nossos pais e mestres nos ensinaram as regras de obediência.

Em todos esses casos, para o empirismo o conhecimento é resultado do mecanismo da **associação** do indivíduo, em função da qual os elementos externos são relacionados. Nesse caso, não existe atividade inteligente que integre os dados e fatos da experiência; não existe atividade implicativa que organize e reorganize, que crie e recrie, relações entre os objetos.

Não se pode deixar de estar de acordo com o empirismo quando ele afirma a necessária intervenção da experiência, da observação, da percepção na formação dos conhecimentos. Contudo, a experiência sensível não é suficiente. O conhecimento se apoia na experiência, mas, também, na organização integradora, implicativa da inteligência, que representa a verdadeira atividade criadora do sujeito.

Então, o erro do empirismo não foi advogar pela experiência, mas por retirar do sujeito a atividade inteligente. O sujeito para conhecer não somente repete e faz associações, ele integra os objetos em sistêmicas de totalidades (esquemas, conceitos) cada vez mais complexas. Por isso se poderia reconhecer a existência de outras modalidades de experiência, em que aparece, com a devida importância, a atividade inteligente do sujeito (experiência lógico-matemática e experiência física).

## 2.1.2 Consequências do empirismo para a teoria da aprendizagem

Para o empirismo behaviorista, o sujeito aprende por ação do estímulo sobre as respostas do organismo. A repetição e os reforços externos garantem a estabilidade e complexidade das condutas.

Para o empirismo behaviorista, o organismo é um agente passivo, pois se reduz a registrar, associativamente e mecanicamente, experiências. Não existe atividade organizadora e reorganizadora da ação humana, não existe, portanto, atividade inteligente.

No entanto, a ciência biológica e psicológica mostra um fato incontestável: o estímulo consegue atuar sobre a resposta somente de acordo com as competências ou capacidades adquiridas pelo organismo e pelo indivíduo, no percurso do seu desenvolvimento filogenético e ontogenético. Por isso, toda aprendizagem se subordina ao desenvolvimento do sujeito, à atividade organizadora deste. Portanto se pode afirmar com segurança: a natureza da reação a um estímulo depende do nível do desenvolvimento dos esquemas de ação, que são as verdadeiras fontes das respostas.

Então, para a aprendizagem empirista é suficiente o indivíduo se submeter a boas lições escolares e morais. A argumentação, a pesquisa, a reflexão não são necessárias. Para que pensar, para que refletir, para que decidir, se tudo está organizado e controlado externamente? Basta o aprendente saber seguir e reproduzir o caminho traçado pelo professor, que transmite e controla os conteúdos, fora do interesse do sujeito.

É impressionante constatar no sistema educacional que vivemos a marca e força da ideologia e prática empiristas. É conhecido o trabalho teórico de Émile Durkheim (1975), pai da sociologia, que soube normalizar as regras morais. Esse autor, coerente com essa ideologia, atribuiu ao indivíduo um papel passivo na aprendizagem de conhecimentos e normas morais, na instituição escolar. Não podemos deixar de destacar que alguns autores marxistas, que ao defender a determinação da linguagem e da vida sociocultural na organização das funções psicológicas, seguiram os postulados básicos do empirismo, do positivismo e do neopositivismo.

O problema para o empirismo são os seus resultados negativos quanto à formação de sujeitos inteligentes e autônomos: o aluno que atravessa essa forma de ensino escolar não consegue compreender o que lhe foi ensinado, pois somente aprendeu a mecânica, a fórmula, e não a compreender, a explicar a razão das coisas aprendidas. O que se constata é que os sujeitos formados nessas escolas não aprendem a pensar e orientar suas ações por eles mesmos; são sujeitos que respeitam as regras por medo e não por obedecer à consciência autônoma.

Em uma sociedade tradicional, estruturada de modo vertical e hierárquico, o ensino escolar e familiar tem sucesso ao formar pessoas obedientes e ignorantes. A escola e a família buscam formar pessoas disciplinadas que aceitam passivamente normas pré-estabelecidas; jamais por opção consciente e compartilhada, o que permitiria adquirir autodisciplina e pensamento próprio.

Mesmo quando a escola tradicional busca qualidade de ensino, ela insiste sempre sobre a melhor forma de transferir os saberes, sem alterar as relações hierárquicas e autoritárias. Muda o conteúdo a ensinar, jamais a forma de ensinar.

Contrariamente a esse modelo, a escola democrática e emancipadora se estrutura para formar sujeitos ativos que participam do seu processo de aprendizagem. Para isso, se torna imprescindível liberdade para pensar e decidir.

### 2.1.3 Piaget e a crítica ao pré-formismo e inatismo

Para o pré-formismo existem estruturas prévias à experiência, que permitem compreender, interpretar, os dados exteriores.

Essas estruturas, contrariamente ao empirismo, longe de permitir um registro passivo, permitem interpretar o mundo e as nossas ações.

Figura 7 – Sujeito e objeto na relação pré-formista e apriorista

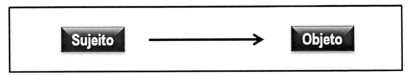

Fonte: o autor

Mas o grande problema para essa epistemologia é explicar como se origina e como se formam essas estruturas.

As correntes inatistas são mais assertivas no sentido de determinar a origem da razão no genoma humano. Um bom exemplo disso é a explicação de Chomsky sobre as estruturas que subjazem às estruturas linguísticas.

Para Chomsky (1980, 1983) existem estruturas inatas específicas para a produção de frases significativas em qualquer língua humana. A essas estruturas linguísticas Chomsky chama "núcleo fixo", o qual se manifesta entre os 3 e 4 anos da criança.

Piaget (1983b) concorda com o caráter universal do núcleo fixo, mas não com a hipótese inata. Para esse autor, não haveria a necessidade de postular a origem inata se admitir-se que a verdadeira fonte do núcleo fixo se encontra nos esquemas da inteligência sensório-motora da criança pequena, isto é, na lógica dos esquemas de ação da inteligência prática.

O problema do inatismo está não somente no nível teórico, mas também no aspecto prático. O que fazer em termos educacionais? Como o ambiente escolar se poderá organizar para formar sujeitos intelectual e moralmente autônomos? Como realizar a transmissão e a cooperação na aprendizagem dos conteúdos escolares?

### 2.1.4 Erro na interpretação das etapas do desenvolvimento

As etapas do desenvolvimento descobertas por Piaget foram interpretadas, erroneamente, como sucessivas atualizações de estruturas inatas.

Como se sabe, Piaget descobriu a sequência das etapas do desenvolvimento: inteligência sensório-motora, inteligência pré--operatória, inteligência operatória concreta e inteligência formal. Essas construções são interpretadas equivocadamente como atualizações sucessivas de estruturas inatas e não como construções e reconstruções verdadeiras.

Na ciência, pode ocorrer algo análogo: o desenvolvimento da matemática poderia ser interpretado como atualização de possibilidades que existem na atividade intelectual humana. Isso ocorreu com o platonismo.

Não podemos esquecer que a interpretação inatista está muito presente no senso comum.

Quando as pessoas excluídas pelas condições de classe, raça, etnia, gênero etc. têm dificuldades de aprender na escola, a explicação fácil é apelar à natureza inata da inteligência. Assim, o fracasso obedeceria à carência de capacidades intelectuais prévias nesse tipo de pessoas. Quando por ventura alguns desses indivíduos conseguem superar-se, justifica-se arguindo que se trata de uma exceção à regra. De modo geral, declara-se que as populações excluídas e marginalizadas estão condenadas ao fracasso, por culpa delas mesmas e não pela ausência de oportunidades adequadas (qualidade de ensino-aprendizagem, participação ativa no processo de aprendizagem, livros e materiais de pesquisas etc.) que o Estado deveria oferecer a todos.

## 2.1.5 A epistemologia construtivista de Piaget

Do ponto de vista científico, a ideia de gênese e construção se desenvolve somente no século XX. Ocorre quando se descobre que as estruturas ou capacidades da razão resultam da interação entre sujeito e objeto e se consolida quando se evidenciam os mecanismos da construção do conhecimento.

Assim, não basta ter descoberto as etapas do desenvolvimento, é preciso mostrar os dispositivos ou mecanismos das suas formações sucessivas, como a tomada de consciência, a abstração reflexionante e a generalização construtiva. Trata-se também de evidenciar isso na prática educativa.

Como já dissemos, construção não equivale a uma simples sucessão de estados ou estruturas, construção significa atividade do sujeito na criação e recriação de novas estruturas de conhecimento. Criar novidade não significa partir do zero, pois ela exige a reorganização do conhecimento anterior. Ou seja, criar o novo não significa ruptura radical com o passado, mas continuidade com reestruturação.

Embora existam estruturas absolutamente novas, estas não deixam de ser expressão da continuidade e reorganização das estruturas prévias.

O único aspecto hereditário é o funcionamento da vida, comum às diversas formas de atividade inteligente. Esse funcionamento atua integrando e diferenciando-se, como esquemas e noções cada vez mais complexos, e não associando.

Figura 8 – Sujeito e objeto na epistemologia interacionista

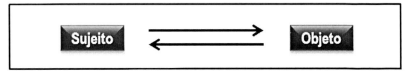

Fonte: o autor

Construção significa formação de novas estruturas a partir da transformação – reconstrução – de estruturas prévias. Portanto, a autêntica construção significa o *aufhebung* hegeliano (superação com reconstrução).

A construção do conhecimento não tem um ponto de partida e nem um ponto de chegada definitivo. As primeiras formas de conhecimento na criança pequena são resultado da transformação de formas prévias de natureza biológica e condizentes com a evolução filogenética da espécie humana. Desse modo, como teremos a oportunidade de mostrar mais adiante, a inteligência sensório-motora é produto da transformação dos esquemas de ação de natureza hereditária (reflexos); a inteligência conceitual é produto da transformação dos esquemas sensório-motores. Assim, em todos os planos e níveis da ação humana se produzem sistemas ou estruturas que constituem reorganizações de estruturas prévias. As estruturas que se recriam e sucedem constituem formas mais complexas de lidar com os objetos do mundo.

Figura 9 – Evolução em espiral das estruturas do conhecimento

Fonte: adaptado de Piaget

## 2.2 A EPISTEMOLOGIA DE PAULO FREIRE

### 2.2.1 Freire e a crítica ao idealismo e ao materialismo mecanicista

O debate com o idealismo e o materialismo mecanicista, feito por Freire, serviu de base para ele formular uma outra epistemologia, identificada com o pensamento dialético e relacional.

Para o idealismo a consciência seria a fonte e origem do conhecimento e não as realidades histórico-sociais. A realidade seria um ato de criação da consciência.

Figura 10 – Relação sujeito e objeto na epistemologia idealista

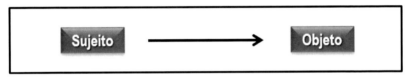

Fonte: o autor

Opondo-se a essa concepção, o materialismo mecanicista defende que a história e as condições sociais de existência determinam, não condicionam, a consciência e as ações dos indivíduos. Desse modo, o materialismo mecanicista coloca em segundo plano a consciência.

Para o materialismo mecanicista, a consciência é um reflexo da realidade. Ou seja, a consciência do indivíduo é simples produto da realidade vivida; por isso, não haveria necessidade de atividade intelectual e capacidade de conhecer rigorosamente a realidade por parte dos sujeitos que a transformariam. Para essa epistemologia, se a realidade mudar, a consciência também muda.

Nessa afirmação se pode reconhecer o papel passivo atribuído ao sujeito do conhecimento, o qual é determinado pelo meio. Trata-se, portanto, de uma epistemologia empirista e positivista que interpreta a ciência e a ação humana apenas em função de leis externas.

Figura 11 – Relação sujeito e objeto na epistemologia do materialismo mecanicista

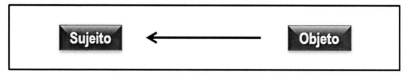

Fonte: o autor

## 2.2.2 Interacionismo ou solução dialética de Paulo Freire

Para Freire é preciso levar em conta tanto a ação da realidade material e histórica quanto o desenvolvimento da consciência humana. Para isso, é preciso tomar consciência da realidade enquanto passagem da consciência ingênua para a consciência crítica. Somente em função desse processo os indivíduos e coletividades se engajariam na sua transformação crítica (conscientização).

Figura 12 – Relação sujeito e objeto na epistemologia dialética ou relacional de Freire

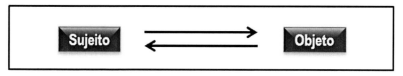

Fonte: o autor

Apesar desse avance teórico e epistemológico Paulo Freire foi criticado como idealista, devido ao fato de outorgar a importância devida à consciência na transformação da realidade opressora.

O idealismo atribuído a Freire não tinha por objetivo superar os reducionismos epistemológicos que favorecem ou a consciência ou as condições materiais de existência. Serviu para retirar da consciência a sua devida importância na transformação da prática e da realidade vivida.

39

Assim, a concepção dialética de Freire, que se funda na visão processual da evolução humana, trouxe-lhe incompreensões e críticas injustificadas, tanto daqueles que reclamam por mudanças estruturais da sociedade quanto daqueles que defendem a sua conservação; tanto de esquerda como de direita.

Contudo, Freire não deixa de questionar radicalmente as concepções comprometidas com o conservadorismo pedagógico, inclusive aquelas que atuando a favor da justiça social não se incomodam com o imobilismo pedagógico, com a passividade do aluno e com a hierarquia impositiva da autoridade na sala de aula.

### 2.2.3 A epistemologia construtivista de Paulo Freire

É importante dizer que a pedagogia de Freire é mais que um simples método de ensino. Ela é a manifestação de um novo modo de pensar o sujeito que adquire conhecimento e de um sujeito que se engaja na transformação de uma realidade que o oprime.

Freire nos relata que a sua concepção pedagógica e epistemológica inicial sofreu uma mutação radical a partir da tomada de consciência da sua própria concepção tradicional do ensino e do sujeito do conhecimento.

Declara que, inicialmente, pensava que a aquisição da escrita acontecia pela associação de um nome com a imagem do objeto, como os métodos clássicos de alfabetização os fazem, ancorados numa epistemologia empirista e associacionista.

Freire descobriu que a verdadeira alfabetização, que conduz à compreensão da realidade e da estrutura da língua escrita, exige um enorme esforço intelectual e conceitual.

Depois de uma breve experiência com uma mulher que realizava afazeres domésticos, declara: "Descobri que faltava desafiar desde o início, a intencionalidade da consciência, ou melhor, o poder de reflexão da consciência, a dimensão ativa da consciência, e não como eu pensava antes" (Freire, 2001, p. 57). Entretanto, esse esforço era muito grande para uma pessoa acostumada a lidar com tarefas pesadas.

Em suas obras mais recentes, Freire insiste que o conhecimento não está dado no sujeito como um *a priori* pré-formado, nem exteriormente e nem interiormente; pelo contrário, o conhecimento é construído em interação radical com o objeto.

> Faz trinta anos defendo a posição radical, sem dúvida, de que o conhecimento não se transfere; conhecimento se constrói. Como a inteligência. Você a constrói, produz a inteligência e não a recebe de graça. (Freire, 2004, p. 296-297).

Outra citação do mesmo autor:

> Há coisas maravilhosas na obviedade, é essa do construtivismo de que ninguém nasce feito [...] Eu, agora, acabei de escrever um texto "Ninguém nasce marcado para ser", a gente inventa o que vai ser na experiência do social, a gente fica inteligente. Quer dizer, a gente cria a inteligência praticando o ato inteligente, então eu não sou inteligente, *a priori*, eu viro inteligente na minha experiência com os outros, quer dizer, "eu somos inteligente", essa é que deveria ser a sintaxe. Vejam como a gramática não é nada construtiva (Freire, 2004, p. 252).

Assim, a grandeza de Paulo Freire é ter reconhecido, no homem e na mulher simples e humilde, sujeitos capazes de criar e recriar conhecimentos e, por isso, capazes de ensinar ao outro. Por isso, tem sentido a sua afirmação: "Aquele que educa também está sendo educado". Um conceito de educação que respeita o ponto de vista do sujeito do conhecimento – criança ou adulto – e a sua capacidade de construir conhecimentos.

# CAPÍTULO 3

# O DESENVOLVIMENTO DO CONHECIMENTO PARA PIAGET E FREIRE

> *Não há revolução científica que valha a pena se ela perde a sua filiação e sentido com a vida.*
> (Adrián Oscar Dongo-Montoya)

## 3.1 SÍNTESE DO CAPÍTULO ANTERIOR

Para a epistemologia de ambos os autores existe a construção do conhecimento e dos sentimentos morais e afetivos.

Piaget parte de uma crítica radical ao empirismo e ao apriorismo e postula uma epistemologia construtivista, em que o conhecimento se realiza como criação e recriação de sistemas de interpretação por parte do sujeito.

Para esse autor, o desenvolvimento e a aprendizagem ocorrem em função da interação entre o sujeito e o objeto e em função da interação entre sujeitos. O desenvolvimento se produz como sucessão de construções progressivas de estruturas cada vez mais complexas. A espiral mostrada no capítulo anterior ilustra melhor esse processo.

Freire parte da crítica ao idealismo e ao materialismo mecanicista e postula uma epistemologia interacionista entre a atividade do sujeito e o objeto, entre a consciência dos sujeitos e as condições materiais de existência. Nessa perspectiva, Freire reconhece que o construtivismo é a epistemologia com a qual mais se identifica.

## 3.2 A CONSTRUÇÃO DO CONHECIMENTO PARA PIAGET

### 3.2.1 A tese de Jean Piaget

As formas ou estruturas mais complexas do conhecimento são resultados da reorganização de formas iniciais e mais elementares de conhecimento. O desenvolvimento é um processo de continuidade e descontinuidade e não de rupturas absolutas. O desenvolvimento é um processo de superação dialética ou *aufhebung* hegeliano.

Assim, o **conhecimento conceitual e operatório** é o produto da continuidade com reconstrução do conhecimento prático ou sensório-motor. Dito de outro modo, os conceitos constituem o prolongamento dos esquemas de ação, quando estes se reorganizam no plano da consciência e da representação.

### 3.2.2 Caracterização básica do conhecimento conceitual

Exemplos de conhecimento conceitual:

**Conceito de corcunda**

Corcunda designa uma deformação da coluna vertebral pela qual as pessoas apresentam uma protuberância nas costas. Corcundas, então, são todas as pessoas que apresentam essa deformação. A gripe, o sarampo, a caxumba são doenças, mas não se confundem com a corcunda.

Por que a criança confunde a doença corcunda com a doença gripe?

Uma criança de 6-7 anos tinha amizade com um vizinho corcunda. Um belo dia, este amiguinho ficou com gripe e teve que ficar de cama. Depois de alguns dias, a criança de 6-7 anos perguntou ao pai pelo amiguinho corcunda. O pai disse que o menino corcunda, que estava doente de cama (gripe), tinha sarado e que hoje estava brincando. Então, o filho perguntou ao pai: a corcunda desapareceu?

Era evidente que a pergunta da criança procedia da confusão que ela fazia entre as duas doenças. A classe de doença corcunda ainda não era equivalente à classe da doença gripe, reunida numa classe maior, a classe de todas as doenças. Um conceito verdadeiro exige tal diferenciação e complementação.

### Noção de conservação de substância, peso e volume

Experimento da dissolução do açúcar (Piaget, 1983).

Apresentam-se à criança ou ao adolescente dois copos semelhantes com a mesma quantidade de água; ambos preenchidos com ¾ de água.

Após a constatação do nível da água em ambos os copos (marcados agora com um elástico) se faz a pesagem de ambos os copos numa balança, o que dá uma medida X.

Depois dessa primeira constatação, se despeja uma porção de açúcar (duas colheres de sopa) em um dos copos de água, o que evidentemente eleva o nível da água. Então, se pede à criança para constatar o nível da água e se faz uma nova pesagem na balança, que é registrada novamente.

Feitos esses procedimentos, inicia-se a dissolução do açúcar com uma colher.

No processo da dissolução do açúcar se vai perguntando à criança o que acontece e acontecerá com o nível da água, com o sabor e o próprio açúcar.

As perguntas estão dirigidas a saber se, para a criança, a dissolução do açúcar altera o nível da água, se o sabor continua doce e se o peso vai ser o mesmo como na última pesagem. Sobretudo, se pergunta se o açúcar continuará existindo como quantidade de elementos dissolvidos (substância).

Figura 13 – Dissolução do açúcar no experimento sobre conservação da matéria

Primeiro momento: antes da introdução do açúcar

Segundo momento: após a introdução do açúcar

Terceiro momento: após a dissolução do açúcar

Fonte: o autor

Os resultados da pesquisa mostram o seguinte:

Para as crianças pequenas (3 a 7 anos em média) nem o nível, nem o peso se conservam; inclusive o sabor se perde com o passar do tempo. Para elas, o açúcar desaparece completamente como substância. Todos os elementos desaparecem, assim como o peso (não pesa mais nada) e o volume (não ocupa mais espaço). Essa reação da criança é chamada "fenomenismo – egocentrismo radical", ou seja, a realidade existe enquanto ela se mostra à percepção, mas quando não se observa, não existe mais.

As crianças um pouco mais velhas (7 a 8 anos) começam aceitando que o açúcar se conserva como substância (quantidade de elementos), mas não admitem que seu peso e seu volume continuem.

As crianças mais velhas (9 a 12 anos) admitem que a substância e o peso se mantêm, mas não admitem que ocupem espaço no copo (volume).

Somente os adolescentes admitem que as três qualidades da matéria se conservam apesar da transparência da água.

O que significam esses resultados?

Descobrir a conservação da matéria não é uma tarefa somente de observação sensível. Não adianta constatar os estados ou momentos pelos quais passam as transformações; não adianta registrar o nível da água, o peso na balança, o gosto do açúcar. É preciso estabelecer relações reversíveis entre as partes e o todo, quando o açúcar se encontra em estado sólido e em líquido. É preciso saber que a quantidade de elementos é a mesma estando em estado sólido ou em estado líquido. Isso deverá ocorrer também em relação ao peso e ao espaço ocupado pela matéria dissolvida, descobertas que serão mais difíceis.

Portanto, a descoberta da realidade envolve inserção dos dados da realidade num sistema de relações lógicas e matemáticas, como ocorre com a ciência física.

Tampouco a realidade é a simples aplicação da lógica ou da matemática aos dados da experiência. A realidade é uma progressiva construção de sistemas de interpretação, cada vez mais objetivos

47

e descentrados em relação ao eu, e que envolve composições implicativas (lógicas e matemáticas).

Em síntese, o que essa pesquisa mostra é que ler o mundo exige construir a realidade de maneira objetiva. Isso ocorre ao superar um pensamento fenomênico e egocêntrico, pois, agora, os dados da realidade que se transforma se encontram organizados em sistemas componíveis, implicativos e reversíveis. Ler a realidade exige uma análise reversível das transformações, visto que o todo se conserva apesar das transformações das formas ou dos estados da matéria. Cada elemento conserva sua substância, seu peso e seu volume, estando em sólido ou em líquido. Trata-se, portanto, de um pensamento em que existe regulação recíproca entre as partes e o todo (conceito).

### 3.2.3 Fontes do conhecimento conceitual

Para alguns, o conhecimento conceitual, o julgamento e o raciocínio são inatos, são a manifestação da capacidade determinada pelo genoma. Por isso, as atualizações sucessivas das estruturas expressariam seu desenvolvimento.

Para outros, o pensamento conceitual e a razão se adquirem pela experiência empírica, pelo registro dos dados exteriores, pela associação de imagens. Alguns dirão, inclusive, que essa forma de pensamento é produto da internalização das estruturas da linguagem.

Qual a hipótese do construtivismo de Piaget?

Onde buscar as fontes, as origens, do pensamento conceitual e operatório?

Para Piaget (1978), os conceitos são decorrência do prolongamento ou continuidade dos esquemas de ação, da interiorização deste, mas sofrendo transformações e reorganizações sucessivas. Em outras palavras, os conceitos constituem a interiorização, com reconstrução, dos esquemas práticos ou sensório-motores.

Como esses esquemas se prolongam e reconstroem até constituir-se conceitos e noções operatórias?

Antes, precisamos entender em que consiste o esquematismo da inteligência prática.

### 3.2.4 A construção da inteligência prática na criança

Para muitas teorias, as atividades práticas de uma criança pré-verbal obedecem a leis associativas (tipo reflexo condicionado). Essas atividades seriam mecânicas e não poderiam obedecer a relações de implicação, análogas à lógica.

O que as pesquisas de Piaget mostram?

De acordo com Piaget (1975, 2008), a criança quando nasce atua sobre o mundo por meio das ações de sucção, de preensão, de visão, de audição etc. Esses "reflexos" não são simples respostas, como o associacionismo defende, mas, sim, são sistemas de ações totais que atuam reproduzindo-se e coordenando-se entre si. Elas, no começo, funcionam de forma global e indiferenciada e depois se diferenciam e organizam em sistemas cada vez mais móveis e complexos.

Os esquemas são produto da transformação dos reflexos, os quais ao coordenarem-se, formam outros esquemas mais complexos.

Por volta dos 10 e 12 meses de idade, a criança, coordenando e combinando seus esquemas, consegue resolver problemas difíceis para ela, como alcançar objetos distantes mediante o uso de meios (usar a mão na mãe para aproximar um objeto desejado), usar objetos ou ações próprias para aproximar ou afastar outros etc. Em todos esses casos existe um esquema que atua como objetivo a alcançar, esquema fim ou intencional, e outro que atua como meio ou instrumento.

Esse processo se torna cada vez mais complexo e móvel, a ponto de a criança, diante de dificuldades novas, saber criar novos meios para alcançar novos objetivos desejados. Por exemplo, aprender a movimentar adequadamente um dispositivo para o funcionamento de um brinquedo.

Ao final desse processo, a criança mostra capacidades impressionantes como saber usar caminhos apropriados para reencontrar um objeto perdido ou localizar-se ele mesmo.

Desse modo, a criança pequena adquire, progressivamente, maior independência e autonomia no campo de ação prático e perceptivo.

O que é importante destacar aqui é o modo como os esquemas de ação se organizam ou se coordenam.

O que se constata é que eles não funcionam por associação, mas sim integração e diferenciação de sistemas, de totalidades, os quais se vão tornando cada vez mais móveis e mais complexos, análogos às futuras implicações lógicas da inteligência conceitual e operatória.

Mas por que essa capacidade não se prolonga imediatamente em um pensar conceptual e operatório?

A pesquisa mostra que será preciso vencer um longo caminho para a criança saber lidar com objetos afastados espacial e temporalmente e para saber colocar-se na perspectiva ou ponto de vista alheio.

### 3.2.5. O pensamento conceitual como produto da reconstrução dos esquemas práticos

O pensamento conceitual e lógico não é produto da interiorização das estruturas sintáticas da linguagem, como algumas teorias propõem. A pesquisa psicogenética exige que a origem deve-se buscar na organização dos esquemas práticos desenvolvidos pela criança pequena.

O conhecimento sensório-motor ou prático tem todas as condições para resolver problemas em que as soluções requerem ações instrumentais no aqui e no agora. Como, por exemplo, saber encontrar um objeto perdido; dissolver o açúcar para adoçar a água; fazer o fogo e esquentar a água; juntar as letras para formar uma sílaba e palavra; manipular o celular para comunicar-se etc.

Apesar do grande poder do conhecimento prático, ele não consegue compreender a razão de ser das coisas, as suas causas e consequências. Ela sabe fazer, mas não sabe por que se faz. Não busca a verdade, busca o sucesso.

A·tese de Piaget (1987) sobre a formação do conceito é a seguinte: o pensamento conceitual é produto da continuidade do esquematismo sensório-motor, mas em continuidade com reconstruções dos esquemas práticos, os quais funcionarão no plano semiótico como sistemas componíveis e reversíveis.

Nesse processo, os mecanismos de "tomada de consciência" e "abstração reflexionante" são absolutamente necessários.

## 3.2.6 Papel necessário da tomada de consciência na construção do conhecimento

A tomada de consciência (Piaget, 1977) consiste num processo que permite a conceituação dos esquemas de ação ou do conhecimento prático. Ela parte dos resultados da ação para os procedimentos e coordenações que permitem a explicação de tais resultados. Ao fazer isso, a tomada de consciência se inicia da consciência mais aparente das causas ou êxitos da ação realizada. Para Piaget a tomada de consciência parte da periferia da ação realizada para os procedimentos e coordenações efetivamente realizados (centro C, C`), mas não conscientes.

Figura 14 – Relação sujeito-objeto na tomada de consciência

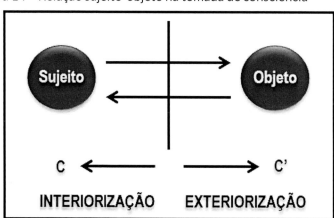

Fonte: Piaget (1977)

A tomada de consciência das ações parte do sucesso ou insucesso das ações para os procedimentos que permitiram esses resultados (C e C`). Assim, se todos conseguimos aprender a lançar um projétil para um alvo arremessando uma corda, nem todos sabemos explicar como conseguimos esse resultado. Qual a direção que segue o projétil quando sai do campo do movimento circular movimentado por nós?

A tomada de consciência que progride gradualmente conduz à conceituação, devido ao fato de o sujeito conseguir inserir as ações realizadas num sistema de relações lógicas e matemáticas. No caso da experiência da funda (Piaget, 1977) é preciso renunciar ao arremesso direto dela, que é uma crença fortemente arraigada, para admitir um arremesso tangencial para alcançar o alvo. Aqui é preciso superar um recalque cognitivo que consiste em negar o arremesso tangencial realizado, pois a ideia do arremesso reto não permite. Para conceituar, o sujeito precisa coordenar, inferencialmente, dois movimentos aparentemente incompatíveis: movimento circular e saída tangencial em direção ao alvo. Essa coordenação produz um novo conceito.

O mesmo ocorre com a criança pequena que começa a falar e a relatar suas experiências, quando da formação progressiva dos "primeiros esquemas verbais", "preconceitos" e "conceitos".

A criança precisa relatar e reconstruir, com palavras ou gestos, aquilo que viveu ou experimentou. Ela precisa fazer uma narrativa coerente sobre as ações bem ou malsucedidas. É nesse processo que se toma consciência das coordenações implicativas que realiza, dos motivos e intenções das ações realizadas. É nesse processo que se produz a transformação progressiva dos esquemas práticos ou sensório-motores em "esquemas verbais", "preconceitos" e "conceitos verdadeiros".

### 3.2.7 A abstração reflexionante e a transformação dos esquemas práticos em conceitos

A abstração reflexionante (Piaget, 1995) se opõe à abstração empírica porque esta retira caracteres observáveis dos objetos e das ações, e aquela retira coordenações que o sujeito realiza sobre os objetos.

Na formação dos conceitos a abstração reflexionante é importante porque o sujeito abstrai aquilo que é essencial ao conceito: as leis de totalidade ou as coordenações que o sujeito efetua sobre os objetos. É quando a criança, ao contar uma série de fichas da direita para a esquerda e da esquerda para a direita, conclui que sempre terá a mesma quantidade. Essa conservação de quantidade não é retirada dos objetos, mas sim das ações de contar que ela realiza sobre os objetos.

A abstração reflexionante envolve dois processos inseparáveis: o reflexionamento ou projeção de um patamar para outro e a reflexão ou reorganização daquilo que foi retirado, agora, no novo patamar. A primeira consiste na abstração das coordenações realizadas no plano da ação; a segunda na reorganização, no plano da representação ou semiotização, da coordenação retirada do plano da ação.

Figura 15 – A abstração reflexionante

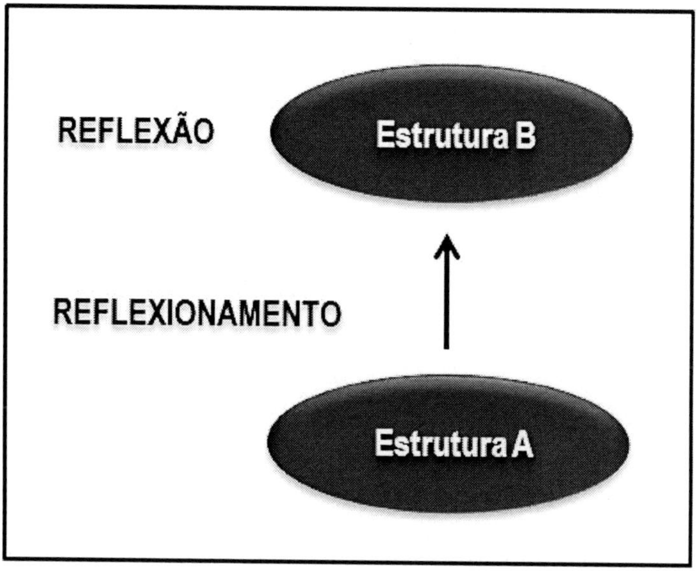

Fonte: o autor

## Graus, níveis e natureza do reflexionamento

O reflexionamento mais elementar (primeiro nível) é o que conduz das ações sucessivas à sua representação atual, ou seja, de um movimento sensório-motor a um início de conceituação que o engloba. Como exemplos disso podemos indicar o fato de a criança dizer: "Agora eu coloco uma amarela" quando manipula uma série de fichas em que esta vem depois de uma vermelha. Outro exemplo é aquele em que a criança pequena de dois anos de idade relata aos seus pais aquilo que ela efetivamente está fazendo. Nesse segundo caso, a criança apresenta aos seus pais objetos e narra suas ações enquanto efetivamente as executa. É o início da formação dos primeiros "conceitos" (esquemas verbais) quando a criança começa a falar descrevendo as suas ações (Piaget, 1978, p. 286).

Um segundo patamar é da reconstituição (com ou sem narrativa) da sequência das ações, desde o início da ação realizada até seu término. Atividade que consiste, portanto, em reunir as representações em um todo ordenado. É o caso de a criança relatar numa ordem temporal, espacial e causal a sequência das suas ações; por exemplo, a narrativa do percurso de um pequeno passeio ou da ida ou volta da casa para a escola.

O terceiro patamar é o das comparações, em que a ação total, assim reconstituída, é comparada a outras, análogas ou diferentes. Na vida comum, as comparações podem ser espontâneas por iniciativa própria ou estimuladas nos diálogos com outros sujeitos. Exemplo: destaque das diferenças ou analogias entre dois passeios ou caminhos percorridos.

Uma vez que, pelas comparações, as estruturas comuns ou não são destacadas, inicia-se um quarto patamar de reflexionamento, caracterizado por reflexão sobre reflexão precedente (meta-reflexão). Essa atividade permite ao sujeito encontrar as razões das conexões até então simplesmente constatadas. Exemplo: explicitar as razões das diferenças ou analogias entre as ações realizadas, as razões dos acontecimentos ocorridos.

A partir das reflexões sobre reflexões, o essencial torna-se a própria "reflexão", por oposição ao reflexionamento. Isso não nega que cada nova "reflexão" supõe a formação de um patamar superior de reflexionamento, em que o patamar inferior é tematizado ou considerado objeto de pensamento.

Como se pode observar, a passagem de um plano para o seguinte não é imediata, principalmente quando foca no desenvolvimento da criança pequena.

Embora a abstração reflexionante esteja presente nos diferentes níveis de formação dos conhecimentos, neste estudo focaremos a passagem de uma forma inicial e elementar de conhecimento – conhecimento prático – para outro, mais complexo, que visa à compreensão (conhecimento conceptual).

## 3.2.8 A abstração reflexionante no desenvolvimento das crianças pequenas e das crianças marginalizadas

É importante destacar logo que, para Piaget, as primeiras palavras da criança não expressam nomes de objetos e pessoas. Elas constituem, pelo contrário, expressão de esquemas de ação. As palavras representam, sobretudo, o que a criança sabe fazer, ou seja, os esquemas de ação e suas coordenações.

Desse modo, os primeiros relatos da criança se referem não apenas aos objetos, mas à sequência das ações que executa. Como "Agora vem uma amarela, uma vermelha, uma azul", enquanto manipula um conjunto de fichas.

As reconstituições, com ou sem narrativas, exprimem ações realizadas no passado. Essa atividade consiste em reunir as representações de um modo ordenado no tempo e no espaço. É o caso de a criança relatar, de um modo ordenado, a sequência das ações que foram realizadas durante um pequeno passeio.

As narrativas podem desencadear comparações da sequência de ações realizadas. Uma sequência pode ser comparada a outras sequências análogas ou diferentes. É nesse processo que ocorre a

55

busca de caracteres comuns e incomuns, o que envolve reorganizações ou reflexões. A contagem das fichas, numa ou outra direção, pode conduzir à abstração do elemento comum da ação.

Uma vez que, pelas comparações, foram destacados caracteres e estruturas comuns, no seguinte momento podem ocorrer as reflexões sobre reflexões, ou seja, reorganizações sobre organizações anteriores. Essa atividade permite ao sujeito encontrar as razões das conexões até então simplesmente constatadas (saber por que a gripe não poderia aumentar a corcunda ou saber por que o açúcar se conserva depois da dissolução).

### Pesquisa sobre as crianças marginalizadas

As nossas pesquisas nos bairros marginais de São Paulo e Marília (Dongo-Montoya, 1996) nos permitiram formular uma estratégia de reeducação junto a essas crianças, levando em conta os processos da tomada de consciência e da abstração reflexionante.

No que diz respeito à tomada de consciência, realizamos, após as práticas programadas (trabalhar na horta, realizar um passeio pelo bairro), reuniões de grupo para relatar e comentar as atividades realizadas. Para as reconstituições se usou, frequentemente, desenhos e escrita de textos.

No que se refere à abstração reflexionante, procuramos seguir o caminho progressivo descrito no item anterior. Essa estratégia se encontra explorada no nosso livro *Piaget e a criança favelada. Epistemologia Genética, diagnóstico e soluções* (Dongo-Montoya, 1996).

### 3.2.9 Importância decisiva da vida social na construção do conhecimento conceitual

O processo de conceituação não se realiza de maneira solipsista, sem a intervenção de outros sujeitos. A conceituação exige uma rica vida social e cultural na qual a criança se socialize. Contudo, a socialização não poderia ser entendida como aprendizagem passiva dos saberes e regras, como aceitação acrítica dos mandamentos do adulto e da cultura de pertença, mas, sim, como aquisição consciente e crítica deles, de tal modo que não anule a sua autonomia intelectual e moral. Por isso, a socialização exige cooperação entre iguais e coordenação recíproca de pontos de vista (diálogo).

A transmissão cultural não deixa de ser importante e necessária, mas o seu uso não pode anular a autonomia do indivíduo.

A cooperação com os iguais (diálogo) é condição necessária do processo de conceituação. É no diálogo com os outros que o sujeito exprime, com liberdade, seus desejos, pensamentos, pontos de vista; é no diálogo e na troca de perspectivas que tomamos consciência dos nossos atos, e desse modo projetamos as coordenações realizadas na prática para o nível da representação e da consciência.

Relatar, comparar, reflexionar (reorganizar), buscar razões das nossas ações, são atividades necessárias para a formação do pensamento conceitual e reflexivo. É isso que mostra os processos e mecanismos da tomada de consciência e abstração reflexionante.

Assim, Piaget jamais questiona a importância da sociedade e da cultura na transformação do indivíduo. Porém, a sociedade não age numa só direção, para determiná-lo unilateralmente; a transformação do indivíduo depende, também, das leis da sua atividade intelectual e moral do sujeito aprendente. Somente assim tem sentido falar de interacionismo e construtivismo.

O indivíduo se torna social na medida em que aprende e compartilha saberes, normas e valores, porém compartilhar significa diferenciar pontos de vista. O pensamento crítico, a curiosidade crítica, somente é possível no exercício da autonomia, e isso desde o começo. Isso não torna secundário e nem dispensável o adulto, muito pelo contrário.

O papel do adulto se torna importante na medida em que sabe ouvir a voz das crianças e dos educandos:

- Dispondo-se a escutar sistematicamente as crianças, nos seus relatos, reconstituições e comparações das ações realizadas;
- Permitindo e garantindo que as crianças possam expressar realmente seus pontos de vista. O respeito à sua perspectiva lhe possibilitará entender a importância do respeito a outras perspectivas e, com isso, valorizar o convívio na diferença e na vida democrática;
- Possibilitando a participação das crianças em decisões que dizem respeito a elas, particularmente nos seus processos de aprendizagem, na família e na escola. Assim, ela poderá participar do questionamento da estrutura de poder e encontrar soluções humanizadas.

Assim, o papel educativo do adulto – na família e na escola – é mais que garantir o cuidado e a proteção à criança. O seu papel é ser um agente que garante a voz e a livre expressão da criança, tal como se estabelece na Convenção dos Direitos da Criança na ONU, de 1989. Isso não se pode esquecer a pretexto do ensino. É o ensino que se tem que transformar em função desse direito.

## 3.3 CONSTRUÇÃO DO CONHECIMENTO PARA PAULO FREIRE

### 3.3.1. Empirismo, inatismo e construtivismo na concepção de Freire

A crítica radical ao empirismo tem início com a crítica à educação bancária. Essa educação está marcada pelo verbalismo que submete os educandos a reproduzir, mecanicamente, os conteúdos ensinados, sem a mínima reflexão sobre as próprias ações e sobre as ideias prévias.

A crítica ao empirismo não significa cair na visão oposta: o apriorismo. Para Freire, os seres humanos não nascem prontos, nem a sua consciência crítica está formada no genoma. Os indivíduos vivem ingenuamente por causa das relações de opressão, em que são impedidos de refletir a prática. São impedidos de pensar criticamente.

Contrariamente à educação bancária, a concepção epistemológica de Freire entende a aprendizagem como processo ativo, que exige discernimento e passagem de uma curiosidade ingênua para uma curiosidade epistêmica ou crítica.

Por isso, Paulo Freire desenvolve a noção de tomada de consciência (*prise de conscience*) como forma fundamental de promover o conhecimento do mundo vivido, ou seja, pensar a prática para adquirir o conhecimento conceitual e crítico.

### 3.3.2 Tomada de consciência como processo de construção conceitual da ação e da realidade

Para Freire, os seres humanos são seres da *práxis*, ou seja, seres da relação indissociável entre a prática e a consciência.

Assim, na medida em que o ser humano atua sobre o mundo para transformá-lo, com o seu trabalho ou a ação política, impregna seu nível de consciência ou presença criadora. A sua ação no mundo será do tamanho da sua consciência, ou seja, dependendo do nível e complexidade do seu conhecimento objetivo do mundo, a sua ação também o será.

O que é tomar consciência para Freire?

É um processo ativo pelo qual o sujeito se volta reflexivamente sobre a sua prática para compreendê-la. Essa tomada de consciência não é um ato imediato; pelo contrário, é difícil e progressivo, e envolve diferentes níveis de compreensão ou conceituação.

Esse processo não significa absolutizar o desenvolvimento da consciência e torná-la independente da prática e das condições materiais de existência.

59

Esse desenvolvimento tampouco constitui um puro reflexo da determinação exterior, como o empirismo e o materialismo mecanicista propõem.

### 3.3.3 Níveis de tomada de consciência

Na obra *Ação Cultural para a Liberdade* (2007a) Freire analisa os níveis da tomada de consciência.

**Consciência semitransitiva.** É a consciência própria das sociedades colonizadas e dependentes, submetidas à "cultura do silêncio". Nessa condição não há possibilidade de tomar distância da própria ação nem da própria realidade. É uma consciência completamente ingênua e centrada na imediatez do eu e da realidade.

**Consciência transitivo ingênua.** Essa consciência se constrói na medida em que se rompe o silêncio por diversas causas históricas, em que a realidade começa a ser percebida como possível de ser alterada e não mais como algo inexorável, como destino fatal. Assim, se inicia o movimento de "emersão", pelo qual as classes populares aparecem e começam a perceber-se como classe dominada e como capaz de alterar a realidade em função dos seus interesses (classe para si).

**Consciência crítica.** Exige um esclarecimento e engajamento maior na realidade que se desmistifica e permite encontrar as verdadeiras razões da opressão e da pobreza. Trata-se, assim, de um engajamento transformador da realidade objetivada.

Encontrar as verdadeiras razões da própria prática ingênua e das possibilidades da sua superação significa um ato conceitual, um ato de explicação reflexiva, que penetra nas relações mais profundas da realidade.

### 3.3.4 Tomada de consciência, *práxis* e conscientização

Para Freire (1992; 2001; 2004; 2007a; 2006; 2016), a tomada de consciência não se esgota em si mesma. A tomada de consciência que promove a construção do conhecimento é solidária da prática que transforma a realidade. Isso significa que se a consciência se desenvolve a partir da reflexão sobre a prática, ela não se afasta dela num intelectualismo sem lastro. Pelo contrário, a sua consciência volta para ação, agora para transformá-la e enriquecê-la e, desse modo, transformar mais eficazmente a realidade. A essa relação solidária e indissociável entre prática e consciência Freire chama de *práxis*.

O processo que envolve tanto a tomada de consciência quanto o engajamento na transformação da realidade Freire chama de conscientização.

### 3.3.5 Curiosidade crítica ou epistêmica e caráter dialógico da educação

Para Freire, todo indivíduo é ativo na medida em que atua e pensa sobre a sua vida e o mundo. Nesse sentido, ele manifesta uma curiosidade. Entretanto, essa curiosidade pode permanecer ingênua, na medida em que permanece na superficialidade dos fenômenos e considera que a sua perspectiva é a única e a melhor. Para sair desse modo de curiosidade, o indivíduo precisa transcender a imediatez dos fenômenos e penetrar nas relações e transformações mais profundas e menos aparentes. A essa forma de curiosidade Freire chama curiosidade crítica ou epistêmica.

A condição necessária para o desenvolvimento da curiosidade crítica é o sujeito questionar e reflexionar sobre o mundo e sobre sua ação nesse mundo.

Por causa disso é que para Freire é absolutamente necessário um ambiente de liberdade e diálogo entre os membros e a comunidade, entre educador e educando, entre os líderes e o povo. Na escola isso não seria diferente.

CAPÍTULO 4

# O DESENVOLVIMENTO MORAL PARA FREIRE E PIAGET

*Educar a mente sem educar o coração não é educação em absoluto.*

(Pitágoras)

A educação não pode se limitar a promover a aquisição de conhecimentos intelectuais, mas, também, deve desenvolver as dimensões emocionais e éticas das pessoas. Nesse sentido, a educação deverá levar em conta e promover o desenvolvimento do sentimento moral dos indivíduos.

Os estudos sobre o desenvolvimento da moral, realizados por Piaget (1994), mostram o percurso de dois tipos de moral: a moral da autoridade ou heterônoma e a moral do bem ou autônoma.

A tese que defenderemos neste trabalho é a seguinte: a moral do bem ou da autonomia tem a sua origem nos sentimentos de compaixão e solidariedade da criança pequena. Esses sentimentos, para se fortalecerem e reconstruírem, precisam vencer a moral da autoridade e para isso é indispensável a tomada de consciência e o diálogo entre iguais. Essa tese é análoga à tese que colocamos sobre o desenvolvimento do conhecimento.

## 4.1. POR QUE RESPEITAMOS AS REGRAS MORAIS?

Toda sociedade tem regras ou leis morais por meio das quais os indivíduos adquirem obrigações que lhes permitem viver civilizadamente. Não mentir, não roubar, não tratar mal os outros, não destruir o bem comum, trabalhar para viver etc. Toda sociedade, em função dessas regras e valores, procura educar as novas gerações. O problema aparece quando se pergunta: por que motivos respeitamos as regras? Por que não mentir e não roubar? Para obedecer aos mandamentos da autoridade? Para obedecer aos sentimentos de compaixão e empatia que temos pelo próximo? Respeitamos por medo à autoridade ou por medo de perder a confiança do colega?

## 4.2. MORAL DA AUTORIDADE OU MORAL HETERÔNOMA

As relações sociais que se assentam na **coação da autoridade** produzem um tipo de respeito que se chama "**respeito unilateral**", pelo qual se respeita a regra pelo medo à sanção da autoridade. As instituições da civilização ocidental (família e escola) funcionam tendo como base o respeito unilateral.

A submissão e a obediência acrítica são as marcas que deixam o respeito unilateral. Entretanto, essa relação permite também a permissividade, pela qual os indivíduos não sabem colocar limites a seus desejos, ambições e crenças. A permissividade impede que o eu coloque limites ao seu agir, pois não leva em conta os sentimentos alheios.

Tanto a obediência acrítica à autoridade quanto a obediência aos desejos do eu não permitem o desenvolvimento da autonomia. O egocentrismo, que consiste na falta de diferenciação entre a perspectiva do eu e dos outros, não se altera por ação da autoridade. Pelo contrário, se fortalece e prolonga como deformações da personalidade: egoísmo e espírito competitivo inconsequente.

Em virtude de tudo isso, esses indivíduos não sabem autogovernar-se; pelo contrário, vivem prisioneiros de suas ambições pessoais e à mercê de líderes tiranos. O indivíduo heterônomo sabe cumprir ordens exteriores à sua consciência: à autoridade e ao ego autocentrado. Não sabe obedecer às leis de reciprocidade, as quais constituem os fundamentos da consciência autônoma.

Nessa forma de moral, o que se torna mais importante é manter fidelidade à lei ou à autoridade imposta do que às causas justas (princípios de tratamento igualitário e recíproco) e solidárias. Quando nos damos conta de que agir com retidão – fazer o certo – é mais importante do que manter fidelidade à autoridade ou ao próprio ego, a atitude heterônoma começa a mudar. É o caso de Eva, uma das personagens centrais no filme "Escritores da Liberdade"[2], recomendado para que todos os participantes do curso pudessem assistir. Quando ela começa a levar em conta os mandatos da sua própria consciência, as leis da reciprocidade e solidariedade, começa a questionar a submissão à autoridade (pai), ao grupo de referência e a seus desejos e interesses individuais.

## 4.3. MORAL DO BEM OU DA AUTONOMIA

Para Piaget (1994), a moral do bem é a moral que responde às leis da reciprocidade e da nossa consciência autônoma; ela não obedece aos mandados da autoridade, tampouco aos mandados do ego. O sujeito autônomo age levando em conta as perspectivas e os sentimentos dos outros: tratar bem os outros assim como gostaríamos de ser tratados.

Os espaços e as relações adequados para o desenvolvimento dessa moral são aqueles em que se pratica o respeito mútuo, a solidariedade e a reciprocidade entre iguais. Esses ambientes são aqueles nos quais os jogos são entre indivíduos que se respeitam mutuamente; em que o trabalho escolar é cooperativo e se pratica o diálogo e a solidariedade; são as comunidades que se organizam para aprender (escolas democráticas) ou para viver ou trabalhar com dignidade e solidariedade etc.

---

[2] "Escritores da Liberdade" (Freedom Writers) é um filme dirigido por Richard LaGravanese, lançado em 2007. É baseado em fatos reais e conta a experiência educativa inovadora de uma professora que começa a lecionar num colégio público dos EE.UU, junto a uma sala de adolescentes infratores e marginalizados, filhos de emigrantes pobres.

65

## 4.4. QUESTÕES EPISTEMOLÓGICAS SOBRE AS ORIGENS DAS DUAS MORAIS

De onde procede essa necessidade de respeitar a autoridade? Ela é pré-formada e inata ou depende apenas do meio?

A necessidade de respeitar os outros como gostaríamos de sermos tratados procede de onde? Procede apenas do ambiente em que o indivíduo vive ou ela é pré-formada e inata?

### O que o filme "O Senhor das Moscas"[3] nos sugere?

A maioria das crianças da comunidade de sobreviventes de um naufrágio, que habitam uma ilha, preferiu se submeter à autoridade de um líder tirano e sem caráter. Isso poderia sugerir que o respeito unilateral e a maldade são inatos.

Entretanto, o mesmo filme mostra que três crianças seguem um caminho diferente do da maioria: o caminho da solidariedade e da compaixão; da adesão a um líder compreensivo e tolerante, apesar das consequências adversas a serem enfrentadas. Esse sentimento é privilégio de algumas pessoas excepcionais? Esse sentimento também seria inato?

É preciso lembrar que tanto os seguidores do tirano quanto os seguidores de um líder democrático já tiveram uma vida e formação anteriores ao naufrágio. Não esqueçamos que os sobreviventes procediam de uma escola militar para crianças, nos EUA. Portanto, a formação moral de todas essas crianças já estava marcada pelas experiências anteriores.

### O que o filme "Escritores da Liberdade" nos sugere?

O filme poderia sugerir que a moral é produto apenas do meio: todos os adolescentes provinham de um ambiente de vio-

---

[3] "O Senhor das Moscas" é um filme dirigido por Harry Hook, lançado em 1990, nos EE.UU. Trata da história de um grupo de crianças e adolescentes que, depois de um acidente de avião, chega a uma ilha desabitada e se organiza para sobreviver.

lência ao qual tiveram que se adaptar. Por outro lado, todos esses adolescentes começaram a mudar depois do trabalho excepcional da professora. Os adolescentes começaram a construir, com muito esforço, uma personalidade autônoma e uma comunidade solidária. As mudanças ocorreriam somente pela ação do meio? Qual a participação e que tipo de atividades realizaram esses sujeitos, em termos de ação moral? Qual a natureza do espaço educativo proposto pela educadora e construído por todos eles? Que tipo de relação social possibilitou a mudança?

Em que momento e por que a personagem Eva muda a sua atitude moral diante do mandamento do pai, da mãe e de toda a comunidade de referência, para agir pelo princípio de reciprocidade ou moral do bem?

## 4.5. ORIGEM DA MORAL HETERÔNOMA

O respeito à autoridade, fundamento da moral heterônoma, tem como base o sentimento de medo e afeição pelo pai. Para a criança pequena, o pai é a figura onipresente e onipotente, fonte de todo poder.

Esse sentimento se fortalece quando as crianças pequenas crescem, pois as relações sociais de respeito unilateral e a violência predominam na sociedade ocidental. Essa forma de moral poderá ser superada quando a moral do bem se afirmar e desenvolver.

## 4.6. ORIGEM E DESENVOLVIMENTO DA MORAL DO BEM OU DA AUTONOMIA

Segundo Piaget (1994), a moral do bem ou da autonomia tem como origem sentimentos de compaixão e empatia. Uma criança pequena os manifesta antes mesmo de falar ou exprimir-se verbalmente.

Essas ações e sentimentos continuariam a desenvolver-se, sem maiores problemas, se as crianças interagissem com seus pares e se seus pais evitassem intervir de forma arbitrária e autoritariamente.

Mas os pais intervêm e impõem regras, geralmente de maneira brutal e cruel.

Os primeiros sentimentos de compaixão entram em choque ou em curto-circuito com os mandatos do adulto.

Dessa maneira, para as crianças se torna mais importante obedecer aos mandamentos da autoridade do que obedecer aos mandamentos dos seus sentimentos e da sua consciência (que reclama compaixão e solidariedade).

Como consequência de tudo isso, as crianças se convencem de que as regras impostas pelo adulto devem ser obedecidas independentemente de tudo; que essas regras sempre existiram e que elas somente são reveladas pelo pai ou pelo mestre. Não conseguem tomar consciência de que a fonte da moral do bem se encontra na prática da reciprocidade e solidariedade, nas relações (coordenações) de respeito mútuo praticadas entre iguais. Assim se produz o recalque cognitivo e sentimental das verdadeiras fontes da moral do bem (a compaixão e a reciprocidade), pois a interdição se encontra na crença arraigada de que as regras morais e sociais provêm apenas da transmissão cultural.

A moral do bem, para ser construída, terá que vencer o sentimento de submissão ao adulto (fonte do sociocentrismo e apego à tradição) e o egocentrismo (fonte do individualismo), e tomar consciência de que as verdadeiras fontes da moral do bem se encontram nas coordenações de reciprocidade entre iguais e nos sentimentos de compaixão e solidariedade.

### Em síntese

A moral do bem ou da autonomia é construída tendo como fonte os sentimentos elementares de compaixão e empatia, os quais são reconstruídos quando a criança ou adolescente vence, progressivamente, o respeito unilateral que invadiu e deu conta de seu espírito. Essa construção ocorre necessariamente na prática das relações de reciprocidade e solidariedade.

Essa construção ou reconstrução é resultado da tomada de consciência dos sentimentos de compaixão bloqueados ou enterrados pela obediência à autoridade. Quando os princípios de reciprocidade são elaborados no plano da consciência, eles voltam para orientar a ação prática, para melhorar o exercício da empatia e da solidariedade.

Figura 16 – Evolução da moral do bem ou da autonomia

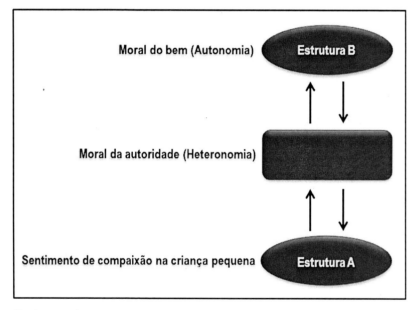

Fonte: o autor

A Figura 16 ilustra a passagem de uma moral prática (estrutura A) fundada na compaixão e solidariedade da criança pequena para uma moral da autonomia da consciência (estrutura B). Essa passagem precisa atravessar um longo período de vida, que geralmente demora 5 ou 6 anos de vida e se caracteriza pela atitude egocêntrica e de obediência acrítica à autoridade (moral da heteronomia).

## 4.7. TEORIA DA MUTILAÇÃO DO SENTIMENTO DE COMPAIXÃO

Segundo os estudos de Piaget, a fonte da moral do bem se encontra nos primeiros sentimentos de compaixão e empatia da criança pequena. Os bebês se importam com o sofrimento de outros bebês e pessoas: choram quando veem outro bebê chorar e sofrer; vingam os golpes recebidos pelo irmão ou amigo mais frágil; oferecem seus brinquedos aos amigos etc.

Por que esses sentimentos não se desenvolvem para tornar-se, logo, a base dos sentimentos do bem e da autonomia? Porque os mandamentos da autoridade intervêm para interromper esse desenvolvimento e produzir um bloqueio, uma interdição, um curto-circuito dos primeiros sentimentos de compaixão.

Desse modo, o respeito unilateral triunfa ao bloquear, enterrar ou mutilar o sentimento de compaixão e solidariedade da criança pequena. Em muitos casos produz-se a morte, a amputação dos sentimentos mais nobres da criança, para viver depois, como um adulto incapacitado de amar e de ser solidário. O romance *São Bernardo*[4] ilustra bem até que ponto o ser humano é capaz de chegar.

O que ocorre com a criança ocorre também com o adulto e com a história das diferentes civilizações. A prática da violência e do interesse individual acima do bem comum, a concorrência e a competição sem limites não deixam de produzir a mutilação da compaixão e da solidariedade. Vejamos o que ocorre com o sistema econômico dominante centrado no lucro e na competição desenfreada em que vivemos.

A teoria da mutilação, proposta por nós (Dongo-Montoya, 2022, 2020), também pode ser encontrada nos escritos de Freire.

Para Freire, a evolução humana significa "ser mais" e "ser melhor", o que significa desenvolver as possibilidades humanas

---

[4] O famoso romance brasileiro *São Bernardo*, de Graciliano Ramos, publicado em 1934, relata a história de um menino pobre que passa uma vida dura e consegue tornar-se um poderoso fazendeiro no nordeste brasileiro. O fazendeiro, no trato com os empregados e com a esposa, mostra uma completa mutilação dos seus sentimentos de compaixão e solidariedade.

até alcançar liberdade de pensamento e ação moral, isto é, moral do bem e da autonomia.

Para ele, a deformação humana triunfa quando o oprimido se identifica com o opressor e, perdendo os sentimentos de solidariedade, atua contra seus iguais. O "medo à liberdade" é mais forte do que se responsabilizar por seus próprios atos e escolhas (autonomia). Isso faz com que ele se submeta, com facilidade e fidelidade, ao poder e às regras pré-estabelecidas e, desse modo, deixe de obedecer ao chamado dos sentimentos de solidariedade e de compaixão. Assim, para o oprimido está aberto o caminho da submissão e do interesse individualista.

Freire postula que a "educação bancária" contribui decididamente para produzir e fortalecer essa forma humana de *"práxis"* alienante e perversa. Contrariamente a essa educação, a "educação emancipadora" exige do oprimido tomar consciência das suas ações e da realidade que o oprime e, avançando nesse processo, engajar-se na sua transformação.

## 4.8. TOMADA DE CONSCIÊNCIA NA EVOLUÇÃO DA MORAL E A IMPORTÂNCIA DAS ESCOLAS DEMOCRÁTICAS

As fontes da moral autônoma não se encontram nos mandamentos dos adultos (respeito unilateral), mas sim nos sentimentos de compaixão da criança pequena e no exercício da reciprocidade.

A pergunta crucial é então: se a fonte da moral do bem se encontra nos primeiros sentimentos de empatia e compaixão, por que esses sentimentos não emergem e se constituem na base da moral do bem e da autonomia?

Como já se disse, a coerção do adulto e as relações de respeito unilateral que ele produz se encarregam de bloqueá-los, mutilá-los ou enterrá-los.

Por isso, o desenvolvimento moral exige a tomada de consciência dos sentimentos de compaixão e empatia, exige a prática da solidariedade entre iguais. A partir disso, a criança percebe que é mais importante viver solidariamente do que viver submetida à coerção exterior (à autoridade) e à tirania das necessidades do ego (ao individualismo).

O mesmo se poderia afirmar sobre a importância da Abstração reflexionante na transformação das relações práticas de compaixão e afeição mútua para os princípios da moral autônoma. Em virtude do anterior, torna-se importante salientar a prática da educação moral nas escolas democráticas.

Antes de mais nada, nas escolas democráticas não existe separação entre formação intelectual e formação moral; não existe hegemonia de uma sobre a outra; tampouco uma está a serviço ou serve de instrumento da outra.

Contrariamente às escolas tradicionais, nas escolas democráticas e emancipadoras a educação moral é muito importante. Nessas escolas, sobressai a formação de cidadãos, pois em todos os momentos as crianças não somente são consultadas para a solução de problemas e conflitos coletivos, mas também tomam iniciativas para convocar reuniões e assembleias, em que se debate tudo o que diz respeito ao seu processo de aprendizagem e formação. Portanto, essa escola não está centrada no cumprimento de regras e do currículo, como na escola tradicional, mas no aperfeiçoamento das relações de cooperação e diálogo entre todos os membros da instituição. Assim, as relações hierárquicas e despóticas são substituídas por relações de respeito e consideração mútua. São esses tipos de relações que permitirão tomada de consciência da importância das relações empáticas e solidárias para evitar, assim, a mutilação dos sentimentos de compaixão da criança, do adolescente e do adulto.

# CAPÍTULO 5

# PARADIGMAS EDUCACIONAIS E PEDAGÓGICOS DE FREIRE E PIAGET

> *O propósito da educação é fazer a que as pessoas aprendam por si mesmas. O outro conceito de educação é doutrinamento.*
>
> (Noam Chomsky)

> *Os métodos ativos não levam de forma alguma a um individualismo anárquico, mas, principalmente quando se trata de uma combinação de trabalho individual e do trabalho por equipe, leva a uma educação da autodisciplina e do esforço voluntário.*
>
> (Jean Piaget)

## 5.1. INTRODUÇÃO

Os fatos e processos descobertos por Piaget e Freire sobre o construtivismo, sobre o desenvolvimento do conhecimento e do sentimento moral, analisados nos capítulos anteriores, sugerem outro paradigma educativo e pedagógico, que busca a superação da educação tradicional ou bancária.

Esse novo paradigma se encontra centrado na atividade dos sujeitos do conhecimento e da ação moral e encarnado nas propostas pedagógicas que eles chamam de "Educação ativa" (1973b, 2013) e "Educação problematizadora" (2006, 2007a, 2016).

A Educação ativa e a Educação problematizadora constituem paradigmas pedagógicos do futuro na medida em que constituem modelos de educação pela e para a autonomia. Esses paradigmas têm como base princípios científicos resultados de pesquisas experimentais no campo da psicologia, pedagogia, sociologia, biologia, antropologia, cibernética etc.

Esses paradigmas sugerem outra forma de intervir na realidade escolar, fora de uma visão compartimentada e parcial.

Piaget e outros autores realizaram estudos experimentais sobre a aprendizagem e o desenvolvimento de temas específicos, como a aprendizagem da matemática, da física, da escrita, dos conhecimentos sociais, da vida moral etc. Esses estudos serviram para mostrar a pertinência da teoria da construção do conhecimento nos diferentes campos, mas a sua aplicação isolada e parcial, fora de um projeto maior e integral, leva a uma atitude ingênua de acreditar em mudanças substanciais na sala de aula ou no sistema escolar. A realidade escolar imposta secularmente e milenarmente não permite mudanças estruturais, apenas outorga pequenas mudanças para continuar como está.

A aplicação pedagógica de estudos e pesquisas específicas, fora de um projeto maior, sistêmico, se mostra ilusória quando se quer alterar um sistema de ensino cristalizado. Prova disso foi a implantação do ensino da escrita alfabética, que teve como base as pesquisas de Emília Ferreiro, em alguns estados do Brasil. Como seria de se esperar, o insucesso dessas aplicações setoriais serviu de pretexto para deslegitimar e invalidar, pelos seus opositores, a própria teoria construtivista. Além disso, esse insucesso teve o efeito de sacralizar o sistema tradicional de ensino, que se mantém forte e incólume.

Nas últimas décadas, a escola tradicional se revela incapaz para fazer o que sempre fez: formar indivíduos disciplinados e obedientes. Na medida em que o papel disciplinador tem saído do seu controle, ela se justifica atribuindo a causa à excessiva liberdade dos alunos e ao ganho de direito de crianças e adolescentes. Busca-se, assim, restaurar o ensino autoritário, catequético e bancário. Novos meios podem servir para isso, como o ensino religioso e militar a tempo integral.

Em virtude de tudo isso é necessária a prudência antes de implementar projetos inovadores como os de Piaget e Freire. O que se mostra importante é não perder de vista a importância de organizar projetos pedagógicos consistentes que alterem a estrutura da escola tradicional de ensino para formar indivíduos autônomos intelectual e moralmente.

## 5.2 EDUCAÇÃO E PEDAGOGIA ATIVA (PIAGET)

### 5.2.1 Antecedentes

A psicologia e a pedagogia tradicional afirmam que toda criança é capaz de aprender tudo o que é logicamente evidente (para o adulto), como as regras morais, linguísticas, matemáticas, sociais. Ao mesmo tempo afirmam que a criança não tem interesse em realizar essas tarefas. Por isso, justificam que é necessária a pressão do adulto para permitir a aprendizagem.

Ou seja, a criança é vista como um adulto já formado, com inteligência e capacidade feitas para o aprendizado dessas regras e saberes. Ao mesmo tempo, essa psicologia e pedagogia pensa que as crianças não possuem atividades e interesses próprios para apreender. Por causa disso, elas dependeriam da instrução e pressão por parte do adulto para aprender. Assim se justifica a educação catequética e bancária; domesticadora e doutrinadora.

Rousseau contestava esse dogma já no século XVIII. Infelizmente, esse dogma milenar continua, com os "métodos receptivos" da escola tradicional que se renova para não mudar (que nega o caráter ativo do sujeito do conhecimento).

### 5.2.2 Pesquisas psicogenéticas e o caráter ativo do sujeito do conhecimento

Somente no século XX, com as pesquisas psicogenéticas, esse dogma se revelou falso. Como resultado disso, o contrário seria o certo.

75

Todo indivíduo, enquanto sujeito de conhecimento, é ativo e tem interesse, desde que os objetos sobre os quais atua ou pensa tenham que ver com seus conceitos ou esquemas de ação. Os adolescentes e jovens do filme "Escritores da liberdade" se tornaram escritores a partir do momento em que os assuntos lidos, tratados e discutidos por todos tocaram as suas preocupações e sentimentos mais íntimos.

O interesse verdadeiro surge quando o sujeito se identifica com o objeto ou ideia, quando encontra neles um meio de expressão e expansão da própria atividade e personalidade.

Essa afirmação não nega a importância de levar em conta o nível de formação intelectual e moral do sujeito (estrutura). Assim, não se poderia pedir a uma criança para se interessar em compreender as leis de Newton, as leis físicas e químicas e nem pelo estudo das leis morais.

Para que a solução dos problemas intelectuais e morais venha do mesmo sujeito, sem receber conhecimentos todos feitos, é preciso existir relações e ambientes adequados.

### 5.2.3 A experiência como atividade intelectual

Os métodos ativos não negam a importância da experiência. Por isso é preciso distinguir as formas de experiência.

A forma comum de conceber a experiência é quando o sujeito age sobre os objetos e retira, abstrai, destes as suas características sensíveis e observáveis. O empirismo tem-se apoiado sobre essa forma de experiência para deixar de lado a atividade intelectual, inteligente, do sujeito. Trata-se de uma aprendizagem sem inteligência que tem adquirido força descomunal nas teorias behavioristas de aprendizagem.

**A experiência física** consiste em agir sobre os objetos para abstrair deles as suas propriedades inerentes. Por exemplo: a substância, peso e volume na experiência da dissolução do açúcar. Se essa forma de experiência mostra que a abstração é feita das propriedades inerentes aos objetos, isso não significa que a abstração foi feita por uma simples cópia sensível, como supõem o senso comum e o empirismo. Na verdade, a abstração foi feita em virtude da intervenção de composições lógicas e matemáticas sobre os dados experimentados. Como foi o caso da descoberta da conservação da substância, do peso e volume do açúcar.

A **experiência lógico-matemática** consiste em agir sobre os objetos, mas para abstrair propriedades da própria ação que se exerce sobre eles. Por exemplo: alinhar pedrinhas e descobrir que o número delas é o mesmo, quer se conte da esquerda para a direita, quer se conte da direita para a esquerda. A ordem e a soma não pertencem aos objetos, mas, sim, às ações e às coordenações que se fazem sobre os objetos. Isso explica a importância tanto da manipulação dos objetos quanto da tomada de consciência das ações realizadas.

Esses estudos mostram que toda experiência é ativa e consiste numa estruturação dos dados da realidade. Portanto, o aparente registro, puramente sensível, já supõe a existência de instrumentos de assimilação inerentes ao sujeito.

### 5.2.4 A atividade do sujeito na epistemologia interacionista

Ser sujeito ativo não nega a importância que tem o objeto do conhecimento. Os fatos e acontecimentos para serem mais bem compreendidos precisarão ser inseridos em novos sistemas de significações. Em virtude disso, os esquemas e conceitos prévios precisarão ser remanejados e reorganizados em patamares e sistemas mais complexos. Em outras palavras, quando o objeto faz sentido, desafia e perturba o sujeito, este, para compreender ou assimilar, reorganiza seus esquemas e conceitos em função das características dos objetos.

77

Figura 17 – Relação sujeito-objeto na epistemologia interacionista e construtivista

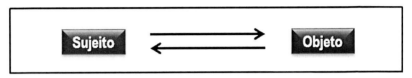

Fonte: o autor

## 5.2.5 Educação como prática de reinvenção do conhecimento

Não é o conhecimento em si que produz a autonomia e liberdade, mas sim a atividade de reinventar o conhecimento. .

Isso exige tanto da liberdade de pesquisa individual e coletiva quanto de experiências de descobertas.

O objetivo da educação intelectual não é o de saber repetir ou conservar verdades já feitas, é aprender e conquistar, por si próprio, a verdade, correndo o risco de perder muito tempo. A preocupação não é com a quantidade de assuntos. "Não é o conhecimento do teorema de Pitágoras que assegura o livre exercício da inteligência pessoal, é o fato de haver descoberto a sua existência e a sua demonstração" (Piaget, 2011, p. 98).

Não seria possível formar uma personalidade intelectualmente autônoma, sem oferecer ao aluno um ambiente que favoreça ações experimentais e pesquisas espontâneas, sem oferecer um espaço coletivo de livre colaboração dos alunos entre si, e não apenas entre professor e aluno.

## 5.3.6 Educação como prática de reinvenção da moral

A educação moral é indissociável da educação intelectual.

Se o objetivo da educação é formar indivíduos submetidos à pressão das tradições e das gerações anteriores, basta apenas a autoridade do professor e das lições de moral. Se, pelo contrário, pretende-se formar espíritos livres e respeitadores dos direitos e das liberdades dos outros, então, nem a autoridade do professor nem lições de moral servem.

O trabalho em equipe é o lugar privilegiado para garantir o desenvolvimento das personalidades autônomas, bem como o autogoverno.

A autodisciplina não vem de fora, pela imposição exterior, mas é descoberta no exercício experiencial da reciprocidade ("Escritores da liberdade") e sobretudo nas experiências de autogoverno, como ocorre nas escolas democráticas.

Figura 18 – Educação ativa como prática de reinvenção do conhecimento e da moral (novo paradigma pedagógico)

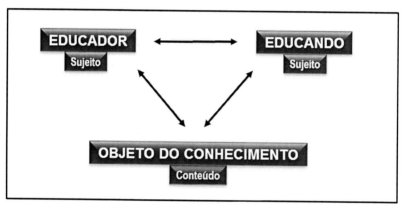

Fonte: o autor

## 5.4 DIFICULDADES DE APLICAÇÃO DO MÉTODO ATIVO

Apesar de que no século XX se realizaram significativas descobertas sobre o papel da atividade dos sujeitos da aprendizagem, houve, infelizmente, pouco ou quase nada de avanço na sua aplicação. Pode-se afirmar que hoje predominam absolutamente os métodos receptivos de ensino.

Para Piaget e Freire, a hegemonia dos métodos receptivos na escola tradicional permanece inalterada.

Essa realidade se deve menos à resistência de caráter teórico do que ao imobilismo da escola e da sociedade. Também se deve às dificuldades de formação dos educadores para os métodos ativos.

Do ponto de vista teórico consideramos que estão vencidas as resistências a admitir a importância da atividade intelectual na aprendizagem. Isso porque, de um lado, deixou-se de entender que atividade é apenas trabalho manual e manipulação de objetos. Se há manipulação de objetos por parte do sujeito, é por entender que as noções lógico-matemáticas se retiram, não dos objetos, mas sim das ações e coordenações (experiência lógico-matemática). Por outro lado, se deixou de pensar que privilegiar a atividade e interesse da criança exclui o esforço por parte dela. Pelo contrário, o engajamento num projeto livremente aceito promove dedicação, autodisciplina e aprendizagem inteligente e eficaz.

### Dificuldades práticas na aplicação dos métodos ativos

**Dificuldades de formação dos professores.** Os métodos ativos são mais difíceis de aplicar. Enquanto as lições correspondem à tendência natural do adulto, a pedagogia ativa exige uma formação sistemática e coerente com os princípios psicológicos descobertos pela pesquisa científica. O drama da pedagogia é que os melhores métodos são os mais difíceis de aplicar. "Não se pode utilizar o método socrático sem ter adquirido, previamente, algumas das qualidades de Sócrates, a começar, pelo respeito pela inteligência em formação" (Piaget, 2013, p. 62).

**Imobilismo da escola e da sociedade.** Assim como existe no adulto uma "tendência natural" para reproduzir a transmissão, a escola, como instituição, também reproduz essa tendência.

A imobilidade da escola responde à imobilidade da sociedade. Para os defensores da ordem dominante, o futuro está predeterminado e não se deveria pensar de outro modo. Como diz Paulo

Freire: essa ideologia insiste em afirmar que nada podemos fazer contra essa realidade. Ela passa a ser natural e por isso deveria ser aceita irreflexivamente. O que é necessário é o **treino técnico**, indispensável ao educando para a sua sobrevivência.

## 5.5 EDUCAÇÃO PROBLEMATIZADORA (FREIRE)

### 5.5.1. Educação Bancária

Para a escola bancária, falar não é uma ação feita "com" o outro, mas sim "para" o outro. O educador jamais se coloca na perspectiva do educando e jamais lhe permite restaurar o seu papel de sujeito do conhecimento.

A fala do educando não é sobre a sua experiência existencial, mas sim sobre uma realidade abstrata, estática e bem-comportada. Não se problematiza essa realidade. A educação é para a domesticação, para o doutrinamento.

A tarefa do professor é "encher" os educandos de conteúdos e a dos educandos é de serem os depositários passivos. Não há espaço para a reflexão sobre a prática e realidade vivida. Portanto, o educando é tratado como simples objeto e não como sujeito.

A educação bancária, refletindo as relações opressoras da sociedade, impõe o silêncio para conservar a contradição básica: opressor e oprimido.

### 5.5.2. Educação problematizadora

A educação problematizadora, como paradigma pedagógico, propõe superar a contradição básica (oprimido e opressor) e para isso restaura o sujeito do conhecimento. É justamente por isso que restabelece a relação dialógica e a tomada de consciência.

O educador não se divide em dois momentos: sujeito cognoscente e sujeito narrador. Torna-se sempre sujeito cognoscente, quer quando prepara (pesquisa), quer quando dialoga com os educandos. O objeto cognoscível deixa de ser sua propriedade exclusiva para ser um bem comum e instância de incidência da reflexão sua e do educando. Os educandos deixam de ser receptores passivos e depois narradores mecânicos, e tornam-se, sempre, sujeitos cognoscentes.

Figura 19 – Sujeito e objeto na educação problematizadora (novo paradigma pedagógico)

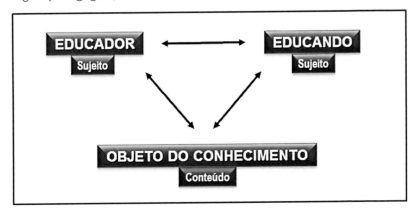

Fonte: o autor

### 5.5.2.1 O conhecimento como ato de reinvenção

A prática educativa torna-se uma relação epistemológica ativa para ambos os polos, na qual o papel do educador é desafiar e criar condições para que o ato de conhecimento não seja uma doação, mas sim ato de criação, de invenção e de reinvenção.

Desse modo, a educação problematizadora, sendo um ato reflexivo, estimula e desafia o poder criativo e inventivo dos educandos, e com isso provoca o ato de desvelamento da realidade e a emersão das consciências subjugadas.

A educação problematizadora propõe a realidade como problema, como incidência do ato cognoscente pelo qual será possível sair da consciência mágica e ingênua, para ser capaz de perceber-se capaz de objetividade e criação.

Em síntese, para Freire, o aspecto fundante do ensino crítico ou problematizador, a sua razão de ser, é quando a aprendizagem deixa de ser um ato de reprodução e se constitui num ato de invenção e reinvenção, num **ato realmente ativo**. Daí que a pesquisa em equipe deverá ser condição necessária para o ensino e para o aprendizado do aluno.

É no ato da pesquisa que o professor se percebe e percebe o educando como sujeito de conhecimento, em que a sua curiosidade ingênua se transforma em curiosidade epistemológica.

Para Freire não tem validade um ensino que não resulte num aprendizado no qual o aprendiz não se torna capaz de recriar ou de refazer o que foi ensinado.

### 5.5.2.2 A educação como construção da autonomia moral

Não é possível passar da ingenuidade para a criticidade fora ou distante da formação moral e ética. Decência e criticidade andam juntas. Assim, a prática pedagógica, a docência, terá que ser um testemunho rigoroso de decência.

A condição básica para a formação moral e ética do aluno é a liberdade de ação para a opção, para a escolha, cujas consequências, junto aos outros, geram responsabilidades.

Por isso, transformar a experiência educativa em puro treinamento técnico é empobrecer, reduzir o que é fundamental na prática educativa: a formação de sujeitos autônomos.

## 5.6 AS ESCOLAS LIBERTÁRIAS E DEMOCRÁTICAS COMO ALTERNATIVA À ESCOLA TRADICIONAL

A ideia central dessas escolas é o aluno participar livremente nas decisões que dizem respeito ao seu processo de aprendizagem. Para o qual a escola, como sistema, deve oferecer um ambiente de diálogo. A preocupação pedagógica não é com o cumprimento de currículo, mas sim com a formação criativa e responsável.

A primeira escola libertária e democrática no mundo foi fundada pelo famoso escritor russo Leon Tolstói. A escola "Yásnaia-Poliana" (1857-1862), na Rússia czarista, foi dedicada aos filhos de camponeses. A inspiração teórica foram as ideias de Rousseau.

Helena Singer (2010) conta que nas classes iniciais se liam, resolviam problemas relativos às três primeiras regras da aritmética e aprendiam a história sagrada. Nas classes dos maiores aprendiam leitura mecânica e progressiva, gramática, caligrafia, redação, história sagrada, história da Rússia, desenho geométrico, canto, matemática, ciências naturais e instrução religiosa.

Os educadores possuíam um diário de classe que servia para fixar o plano de aula para a semana. Esse plano nunca era inteiramente cumprido, uma vez que levavam em conta as demandas dos estudantes.

As crianças sentavam-se onde queriam e não havia lições de casa, recriminações e castigos. "Não se tortura o entendimento para a lição que vem em seguida. Não leva mais do que a si mesma, sua natureza impressionável, e a certeza de que a escola lhe será hoje tão alegre como ontem" (Tolstói, 1978, p. 16).

As regras escolares foram se firmando livremente conforme as necessidades que as crianças estavam sentindo. Se no começo não havia ordem e rotina estabelecida, depois, pouco a pouco as mesmas crianças começaram a se organizar e se impor uma autodisciplina.

O costume de trabalhar com notas foi caindo. Todas as tardes, após as aulas, as crianças se aproximavam dos educadores, ansiosas, para contar o que aprenderam. Assim se dava a "avaliação".

Os educadores entendem que o verdadeiro interesse dos estudantes estava manifestado pelas aulas às quais eles compareciam. Por isso se deixava ir embora quando os pais precisavam da ajuda dos filhos.

Os habitantes da região, apesar de não entenderem bem o que se passava nessa escola, nessa aparente desordem, estavam convencidos de que o ensino ali ministrado era de alta qualidade.

Janusz Korczak (1878 -1994) fundou "O lar das crianças", em 1012, para crianças desabrigadas. Korczak levou em conta as ideias e experiências de Rousseau e Tolstói e experiências que se davam na Europa no começo do século. Ele confiou às crianças a disciplina do abrigo e as responsabilidades mais difíceis, como o julgamento dos infratores.

Trata-se de um regime de autonomia no qual as normas da casa eram debatidas e estabelecidas pela assembleia de todos os membros (parlamento). Também foi instituído um tribunal formado por colegas, os quais eram designados unicamente pelas crianças. Após as deliberações se davam as sentenças, que eram publicadas no jornal do abrigo. Dessa forma esse orfanato funcionava como uma verdadeira república de crianças.

A escola de Summerhill foi fundada no fim da primeira guerra, na Inglaterra, por Neill (1883).

Assim como Korczak, Neill não se adaptava à rigidez da escola tradicional. Para ele as crianças deveriam participar na gestão escolar e ter liberdade para decidir sobre todo o processo das suas aprendizagens. Neil inova a experiência democrática e introduz algumas das ideias da psicanálise do começo de século (Reich).

### Escolas democráticas no Brasil e outras experiências alternativas

O *Instituto Lumiar*, em 2003, contribuiu para a formação da escola Lumiar, na cidade de São Paulo. Essa escola foi voltada para a educação infantil e o ensino fundamental. Esse instituto promoveu processos de democratização em escolas públicas da cidade e do campo do estado de São Paulo. As experiências das escolas democráticas brasileiras são analisadas por Singer (2010).

O movimento das escolas democráticas no Brasil se foi articulando com outros movimentos que propõem uma radical transformação do sistema educacional vigente: Educação comunitária e popular, Escola inclusiva, Educação dos povos originários. O aspecto comum dessas iniciativas é procurar eliminar toda forma de discriminação e acolher os educandos com recursos, metodologias e, principalmente, com uma filosofia que atenda suas necessidades e culturas. Todas elas visam superar a estrutura seriada, a disciplina hierárquica, a burocracia e, sobretudo, seu espírito competitivo compulsório.

Não podemos deixar de destacar as iniciativas do programa educacional pela democratização do ensino infantil e fundamental, desenvolvido pelo Proepre, dirigido pela professora Orly Z. Mantovani de Assis, da faculdade de Educação da Unicamp. Esse programa procurou desenvolver uma prática pedagógica de acordo com a Epistemologia Genética de Piaget, em diferentes regiões do Brasil. Foram notáveis os encontros anuais dos educadores para avaliar suas realizações, nos quais ocorriam profícuas reflexões junto a destacados pesquisadores do Brasil e do exterior.

Experiências de educação moral – opostas à educação moralizante –, feitas no Brasil e em outras latitudes, tiveram efeitos positivos na formação da personalidade ética dos educandos. Essas experiências têm o propósito de superar a educação centrada em conhecimentos e em conteúdos instrumentais, que conduziram para a formação de personalidades desumanizadas. Crianças e adolescentes aprenderam valores morais, sobretudo aqueles ligados à justiça e à solidariedade.

O Gepem é um grupo que tem feito significativas experiências e intervenções de educação moral na escola. O seu grande desafio, como o do Proepre, é vencer a estrutura escolar que se autopreserva, com todas as suas forças, para formar sujeitos heterônomos moral e intelectualmente.

# CONSIDERAÇÕES FINAIS

1) Verificamos que dependendo das concepções epistemológicas e dos princípios científicos que os fundamentam, os projetos educacionais serão organizados e estruturados. Desse modo, observamos que à epistemologia empirista corresponde uma educação centrada na transmissão por parte do educador e na receptividade por parte do educando. Já à epistemologia construtivista corresponde uma prática educacional e pedagógica que exige, dos sujeitos aprendentes, atividades intelectuais e morais e um ambiente em que possam tomar decisões com liberdade.

2) Existe uma estreita aproximação teórica e epistemológica entre o pensamento de Freire e Piaget no que diz respeito ao desenvolvimento do conhecimento e da vida moral. Ambas as formas de desenvolvimento caminham, de forma solidária, para níveis mais complexas de autonomia. Nesse processo, torna-se imprescindível o sujeito tomar consciência das suas ações para obter tanto um conhecimento objetivo da realidade quanto uma moral do bem e da solidariedade. Para a melhor compreensão do processo construtivo Piaget acrescenta a necessidade de levar em conta o mecanismo da abstração reflexionante.

3) Construir conhecimento significa reconstrução. No caso do conhecimento conceitual, significa entender que este resulta da reconstrução dos esquemas sensório-motores ou práticos. De igual modo, a natureza da moral do bem não é retirada das lições de moral do adulto e das regras morais estabelecidas, mas sim dos primeiros sentimentos de compaixão da criança pequena que não foram bloqueados ou mutilados pela ação da autoridade e do egoísmo competitivo.

4) A epistemologia construtivista de Piaget e Freire considera a liberdade não apenas como um fim a ser alcançado, mas,

sim, como um meio essencial na formação dos conhecimentos e da vida moral autônoma. Por isso, ambos os autores propõem a educação como prática da liberdade e não uma educação para a liberdade. A liberdade que leva em conta as consequências dos atos é o elemento fundante na construção do conhecimento e da moral autônoma.

5) Como alternativa à educação tradicional ou bancária, ambos os autores propõem alternativas educacionais e pedagógicas que constituem verdadeiros paradigmas do futuro: Educação Ativa e a Educação Problematizadora. Na essência, trata-se de um mesmo paradigma, se olhado do ponto de vista epistemológico.

6) A educação bancária, tal como a medicina tradicional, tem uma visão e lógica fragmentária e mecânica da atividade humana. Essa educação estabelece níveis e fronteiras rígidos na ação do sujeito humano. Por isso, para essa educação, é a organização curricular que importa, jamais as relações humanas que permitem pensar e decidir.

A educação bancária centra seu atuar na transmissão de tarefas e saberes sem significado e interesse, contrariamente a uma visão dinâmica do sujeito que aprende. A pedagogia ativa e problematizadora advoga pela formação integral da personalidade autônoma e, por isso, pela intervenção ativa – que desenvolve o interesse do educando.

A maior transformação que precisa se fazer na escola não é a mudança curricular, mas sim a mudança de relações de poder, em que os indivíduos se sintam livres e consigam exprimir seus pensamentos e sentimentos. Trata-se de estabelecer o diálogo e a reciprocidade entre sujeitos de conhecimento.

7) Um dos maiores problemas para a pedagogia ativa e problematizadora é o déficit da formação científica dos educadores, bem como a falta de consciência sobre a epistemologia, que subjazem à sua ação docente. Tudo isso conduz à naturalização do modelo de ensino tradicional centrado na transferência de saberes.

8) Se do ponto de vista teórico não existe separação entre formação moral e formação intelectual, por que na escola tradicional existe a separação e até privilégio da dimensão intelectual? Para a educação libertadora e solidária não existe maior ou menor importância da dimensão moral, afetiva ou cognitiva. Contudo, se faz necessário não se esquecer da importância da dimensão afetiva e moral quando se quer humanizar a escola e quando se quer formar sujeitos autônomos.

9) Consideramos que as escolas democráticas têm uma comum base epistemológica com os paradigmas pedagógicos propostos por Freire e Piaget. Existe muito a aprender das experiências históricas e atuais dessas escolas, bem como de outras escolas alternativas e populares.

10) Um dos resultados mais importante deste trabalho foi fortalecer a nossa convicção de que a criança – assim como o adulto – precisa de liberdade de expressar a sua voz e seu ponto de vista, em tudo aquilo que diz respeito a sua formação e seu aprendizado, na família e na escola. A criança precisa ser ouvida para ela construir a sua personalidade autônoma.

As crianças não precisam apenas de cuidados e proteção, elas precisam exprimir a sua voz e participar em tudo aquilo que diz respeito às decisões sobre a sua formação e aprendizagem. Elas não precisam aguardar tempo hábil, decidido pelo adulto, para ocorrer isso. Elas precisam de respeito à sua condição de criança e ambientes adequados de formação.

# REFERÊNCIAS

BECKER, F. **A origem do conhecimento e a aprendizagem escolar.** Porto Alegre: Artmed, 2003.

BECKER, F. **Da ação à operação.** O caminho da aprendizagem em J. Piaget e P. Freire. Rio de Janeiro: Palmaringa/DP&A, 1997.

BECKER, F. **Educação e construção do conhecimento.** Porto Alegre: Artmed, 2001.

CHOMSKY, N. A propósito das estruturas cognitivas e de seu desenvolvimento: uma resposta a Piaget. **Teorias da linguagem, teorias da aprendizagem.** O debate entre Jean Piaget & Noam Chomsky. São Paulo: Cultrix, 1983.

CHOMSKY, N. **Reflexões sobre a linguagem.** São Paulo: Cultrix, 1980.

DANI, L.S; FREITAS, L. B. **Reflexões Sobre Educação Moral.** Campinas: Mercado de Letras, 2017.

DONGO-MONTOYA, A. O. Escolas democráticas e Epístemologia Genética. **Schème,** Marília, v. 11, n. esp., p. 424, 2019.

DONGO-MONTOYA, A. O. **Freire e Piaget no século XXI.** Personalidade Autonomia, Práxis e Educação. Curitiba: Appris, 2022.

DONGO-MONTOYA, A. O. **Freire y Piaget en el siglo XXI.** Personalidad autónoma, praxis y educación. Lima: Fondo Editorial Cayetano, 2023.

DONGO-MONTOYA, A. O. **Pensamento e linguagem.** Vygotsky, Wallón, Chomsky e Piaget. São Paulo: EDUNESP, 2021.

DONGO-MONTOYA, A. O. **Piaget:** Imagem mental e construção do conhecimento. São Paulo: EDUNESP, 2005.

DONGO-MONTOYA, A. O. **Piaget e a criança favelada.** Epistemologia Genética, diagnóstico e soluções. Petrópolis: Vozes, 1996.

DONGO-MONTOYA, A. O. **Practice and theory in the moral development: question of awareness. Journal of Education,** v. 9, n. 1, p. 1-8, 2020.

DONGO-MONTOYA, A. O. **Teoria da aprendizagem na obra de Jean Piaget.** São Paulo: EDUNESP, 2009.

DURKHEIM, E. **Educação e sociologia.** São Paulo: Melhoramento, 1975.

FREIRE, P. **A importância do ato de ler**: em três artigos que se complementam. 39. ed. São Paulo: Cortez, 2000. Primeira edição: 1992.

FREIRE, P. **À sombra desta mangueira.** 11. ed. Rio de Janeiro: Paz e Terra, 2013. Primeira edição: 1995.

FREIRE, P. **Ação cultural para a liberdade e outros escritos.** São Paulo: Paz e Terra, 2007a. Primeira edição: 1975.

FREIRE, P. **Conscientização**: teoria e prática da libertação – uma introdução ao pensamento de Paulo Freire. 3. ed. São Paulo: Centauro, 2001. Primeira edição: 1980.

FREIRE, P. **Educação como prática da liberdade.** 30. ed. Rio de Janeiro: Paz e Terra, 2007b. Primeira edição: 1967.

FREIRE, P. **Educação e mudança.** Tradução de Moacir Gadotti e Lilian Lopes Martin. 11. ed. Rio de Janeiro: Paz e Terra, 1986. Primeira edição: 1976.

FREIRE, P. **Extensão ou comunicação?** Tradução de Rosisca Darcy de Oliveira. 12. ed. Rio de Janeiro: Paz e Terra, 1977. Primeira edição: 1969.

FREIRE, P. **Pedagogia da autonomia**: saberes necessários à prática educativa. 54. ed. Rio de Janeiro: Paz e Terra, 2016. Primeira edição: 1996.

FREIRE, P. **Pedagogia da esperança**: um reencontro com a pedagogia do oprimido. Notas de Ana Maria Araújo Freire. 15. ed. Rio de Janeiro: Paz e Terra, 2008. Primeira edição: 1992.

FREIRE, P. **Pedagogia da tolerância**. São Paulo: Editora UNESP, 2004.

FREIRE, P. **Pedagogia do oprimido**. 50. ed. Rio de Janeiro: Paz e Terra, 2006. Primeira edição: 1970.

FREITAG, B. **Itinerários de Antígona**: a questão da moralidade. Campinas: Papirus, 1992.

FREITAS, L. **A moral na obra de Jean Piaget**: um projeto inacabado. São Paulo: Cortez, 2003.

FROMM, E. **O medo à liberdade**. Tradução de Octavio Alves Velho. Rio de Janeiro: Zahar, 1968.

FROMM, E. **Psicanálise de la sociedad contemporanea**. Hacia una sociedade sana. México; Buenos Aires: Fondo de Cultura Económica, 1956.

KOSIK, K. **Dialética do concreto**. Rio de Janeiro: Paz e Terra, 1985.

PIAGET, J. **A construção do real na criança**. Tradução de Ramon Américo Vasques. 3. ed. São Paulo: Ática, 2008. Primeira edição: 1937.

PIAGET, J. **A equilibração das estruturas cognitivas**: problema central do desenvolvimento. Tradução de Marion Merlone dos Santos Penna. Rio de Janeiro: Zahar, 1976. Primeira edição: 1975.

PIAGET, J. **A formação do símbolo na criança**. Tradução de Alvaro Cabral. 3. ed. São Paulo: Guanabara-Koogan, 1978. Primeira edição: 1945.

PIAGET, J. A psicogênese dos conhecimentos e a sua significação epistemológica. *In*: PIATTELLI-PALMARINI, M. (org.). **Teorias da** linguagem, teorias da aprendizagem: debate de Jean Piaget e Noam Chomsky com outros autores. Lisboa: Edições 70, 1983b. p. 51-62. Primeira edição: 1978.

PIAGET, J. **A tomada de consciência**. Tradução de Edson Braga de Souza. São Paulo: Melhoramentos, 1977. Primeira edição: 1974.

PIAGET, J. **Abstração reflexionante**. Relações lógico-aritméticas e ordem das relações espaciais. Porto Alegre: Artes médicas, 1995. Primeira edição: 1977.

PIAGET, J. **Estudos sociológicos**. Tradução de Reginaldo Di Piero. Rio de Janeiro: Forense, 1973a. Primeira edição: 1965.

PIAGET, J. **Fazer e compreender**. Tradução de Christina L. de P. Leite. São Paulo: Melhoramentos; USP, 1978. Primeira edição: 1974.

PIAGET, J. **O juízo moral na criança**. Tradução de Elzon Lenardon. 4. ed. São Paulo: Summus, 1994. Primeira edição: 1932.

PIAGET, J. **O nascimento da inteligência na criança**. Tradução de Álvaro Cabral. 2. ed. Rio de Janeiro: Zahar, 1975. Primeira edição: 1936.

PIAGET, J. **Para onde vai a educação?** Tradução de Ivette Braga. 3. ed. Rio de Janeiro: José Olympio, 1973b. Primeira edição: 1971.

PIAGET, J. **Problemas de psicologia genética**. Tradução de Célia E. A. Di Piero. Rio de Janeiro: Forense, 1973c.

PIAGET, J. **Psicologia e pedagogia**. Tradução de Dirceu Accioly e Rosa Maria Ribeiro da Silva. Rio de Janeiro: Editora Forense, 2013. Primeira edição: 1969.

PIAGET, J. **Relações entre a afetividade e a inteligência no desenvolvimento mental da criança**. Organização e tradução de Claudio J. P. Saltini e Doralice B. Cavenaghi. Rio de Janeiro: Wak Editora, 2014.

PIAGET, J. **Sobre a pedagogia.** Textos inéditos. Organização de Silvia Parrat-Dayan. Tradução de Claudia Berliner. São Paulo: Casa do Psicólogo, 1998.

PIAGET, J.; INHELDER, B. **O desenvolvimento das quantidades físicas na criança.** Rio de Janeiro: Zahar Editores, 1983.

ROUSSEAU, J-J. **Discurso sobre a origem e os fundamentos da desigualdade entre os homens.** São Paulo: EDIPRO, 2017.

SINGER, H. **República de crianças.** Sobre experiências escolares de resistência. Campinas: Mercado de Letras, 2010.

TOLSTOI, L. **La Escuela de Yásnaia-Poliana.** Barcelona: Biblioteca Jucar de Ciências Humanas, 1978.